본 도서는 (재)대한불교진흥원이 젊은 세대의 관심과 시대적 감각에 맞는 불교 콘텐츠 발굴을 통해서 젊은 세대의 불교 이해를 돕기 위해 펴내는 [대원불교문화총서] 시리즈입니다.

대원불교문화총서 10

사랑은 아프다
이별한 사람들을 위한 불교의 조언

로드로 린즐러 지음, 우정석 옮김

온주사

LOVE HURTS: Buddhist Advice for the Heartbroken
By Lodro Rinzler
© 2016 by Paul Rinzler

Korean Translation © 2025 UNJUSA
Published by arrangement with Shambhala Publications,
Inc., Boulder through Sibylle Books Literary Agency, Seoul

이 책의 한국어판 저작권은 시빌에이전시를 통해 미국 Shambhala 사와 독점 계약한 도서출판 운주사에 있습니다. 저작권법에 의해 한국 내에서 보호를 받는 저작물이므로 무단 전재 및 무단 복제를 금합니다.

들어가는 말

마음이 조용해질 때, 정말로 고요해질 때, 모두가 그리워집니다. 아버지가 그립고, 절친한 친구들이 보고 싶습니다. 반려견이 그립고, 내가 사랑했던, 한때 내 삶의 일부였던 여성들이 그립습니다. (그들을 되찾고 싶어서가 아니라, 그들 역시 삶의 중요한 부분이었으니까요.) 젊고 순진했던 시절에 하던 짓들이 그립고, 지금 이런 내 모습조차 그립습니다. 왜냐하면, 10년 후에 이 날을 돌아보며 "순진했던"이라는 말을 쓰고 있는 오늘의 나에게 너털웃음 지을 것을 알기 때문입니다.

저는 모든 것을 그리워하며 살아간다고 할 수 있습니다. 그렇다고 그 그리움이 저를 무기력하게 만들지는 않습니다. 내 삶을 무언가로 특정할 수 있다면 사랑이 나의 삶을 대변한다고 말하고 싶습니다. 상실의 경험은 나의 일부일 뿐입니다. 그 상실이 아무리 거대하다고 해도 그것은 나의 일부일 뿐입니다. 내가 겪은 상실들이 나를 만듭니다. 본질에서 나는 온전하고 완전하게 남아 있습니다.

이 책은 상실을 겪은 모든 이들을 위해 쓰였습니다. 상실

속에서 친구가 필요한 모든 이들에게 이 책을 바칩니다. 저는 여러분을 위해 여기에 있습니다. 상실감, 실연, 가슴 아픔이란 괴로움을 함께 헤쳐나가 봐요.

들어가는 말 5

작가의 말 11

LOVE HURTS

서론 • 13

이 책을 읽는 방법 • 16

이 책을 읽을 시간이 없다면 • 19

이별 인터뷰 • 22

이별의 아픔이란? • 29

사랑이란? • 32

명상이란? • 39

이별이 괴로운 이유 • 48

나의 이별 이야기 • 57

인생이 괴로움이란 사실을 받아들일 수 있다면 • 61

무상無常에 대한 고찰 • 66

무상에 대한 고찰 • 66

영원히 나아질 것 같지 않다면 • 71

네 가지 질문 • 73

자신을 돌봐야 하는 이유 • 75

자신을 돌보는 네 가지 방법 • 78

아무도 포기하지 않기 • 82

혼자인 것 같다면 • 90

아직 끝나지 않은 것 같다면 • 93

배신감을 느낀다면 • 94

거부당했다면 • 98

다시는 사랑하지 못할 것 같다면 • 102

실패자라고 느껴진다면 • 104

실패감 극복을 위한 쓰기 실습 • 110

세상이 무너진 것 같다면 • 113

이별을 받아들일 수 없다면 • 116

누군가를 인생에서 끊어내야 한다면 • 118

왜? 도대체 왜? • 123

식음을 전폐하고 있다면 • 124

잠이 오지 않는다면 • 126

원나잇을 하고 싶은 충동이 든다면 • 129

창피하다면 • 135

확 제정신이 들고 싶다면 • 139

화가 난다면 • 142

부처님이 화를 대하는 방법 • 146

지옥에 있는 것 같다면 • 148

농담을 듣고 싶다면 • 149

조금 덜 이상한 농담을 듣고 싶다면 • 151

그 사람에게 연락하고 싶은 기분이 든다면 • 152

정말 정말 우울하다면 • 155

용서할 시간이 온 것 같다면 • 161

안도와 죄책감이 동시에 든다면 • 166

다시는 누구도 믿지 못할 것 같다면 • 170

슬퍼할 자격이 없다고 여겨진다면 • 174

사랑하는 사람이 죽었을 때 무슨 일이 일어나는지
　　궁금하다면 • 177

모든 것을 놓아줄 때가 된 것 같다면 • 179

사회로부터 상처받았다면 • 180

여전히 사랑을 줄 수 있다면 • 187

받아들일 수 있다면 • 191

삶은 소중하다 • 193

또다시 올 이별의 아픔 • 194

미주 199

이별 극복에 도움이 되는 영화와 책 202

역자 후기 205

작가의 말

샴발라 출판사(Shambhala Publications)에게 감사드립니다. 계속해서 세상에 제 글이 나오게 해주어서. 특히 데이브 오닐(Dave O'Neal)에게 고마움을 전합니다. 저와 데이브 둘 중 한 명이 세상을 떠날 때까지 그가 제 모든 책을 편집해주기로 했습니다.

뉴욕시의 ABC 카펫 앤 홈(ABC Carpet & Home)에서 저를 만나주신 모든 분들께 감사드립니다. 여러분의 이별 이야기를 들려주셔서 감사합니다. 여러분의 이별 이야기가 이 책의 피와 살입니다. 누구보다 강한 용기를 보여줬던 에리카(Erika), 필(Phil), 리디아(Lydia), 아드리엔(Adrienne), 샌디(Sandy), 팻(Pat), 사라(Sarah), 카렌(Karen), 패티아(Patia), 패티(Patty), 캐롤린(Carolyn), 엘레네(Elene), 데이비드(David), 카르멘(Carmen), 실비아(Sylvia) 고맙습니다. 다른 모든 분들께도 감사의 인사를 전합니다. ABC 카펫 앤 홈 직원분들께 특별히 더 감사드립니다. 폴라 길로비치(Paula Gilovich)와 스태프분들이 따뜻한 장소를 제공해주신 덕분에 많은 사람의 이별 이야기를 들을 수 있었고, 이 책을 저술할 수 있었습니다. 고맙습니다.

팀 MNDFL 감사드립니다. 제가 저술 활동을 할 수 있도록 시간과 공간을 내어주셔서 감사합니다. 저와 순식간에 가족처럼 친해진 엘리 버로우즈(Ellie Burrows), 지지해줘서 고맙습니다.

마지막으로 제게 이별의 쓰라림을 알려준, 내가 사랑하는 모든 분들께 감사의 인사를 전합니다. 낸시 델코트(Nancy Delcourt), 브렛 에글스타인(Brett Egglestein), 아드리안나 림바흐(Adreanna Limbach), 그리고 다른 친구들도. 많은 해 동안 저를 지지해줘서 고맙습니다. 제 책들이 어쩌다가 다른 사람에게 도움이 된다면, 그건 여러분이 제가 살아가도록 다독여준 덕분입니다.

서론

이런, 안타까운 일이네요. 이 글을 읽고 있다면 당신의 심장은 아마도 부서진 상태일 테니까요. 이 책은 이별의 괴로움, 상심에서 오는 아픔에 관한 책이고, 당신은 이 책을 읽고 있으니 말이죠. 그대에게 심심한 위로를 전합니다. 정말로, 진심으로요.

　마음 같아서는 '이별 후유증을 극복할 수 있는 10가지 방법' 같은 것을 제시해드리고 싶어요. 그렇게 하는 것이 괴로움을 당장이라도 해결할 수 있다면 말이죠. 하지만 부서진 마음은 그렇게 호락호락하게 치유되지 않습니다. 우리가 실연의 아픔을 극복할 수 있는 유일한 길은 끔찍하고, 절망적이며, 세상이 무너진 것 같은 이별의 경험을 정면으로 마주할 때 열립니다. 이 책은 이별을 마주하는 방법을 알려주고 그 과정을 당신과 함께할 것입니다.

　이 책은 불교의 가르침과 함께 제 경험을 바탕으로 쓰였습니다. 저는 이별에서 오는 괴로움에 대해 잘 알고 있어요. 솔직하게 얘기하면, 저도 실연의 아픔을 늘 겪고 있어요. (사실 저의 나약한 모습을 있는 그대로 당신과 나누는 게 이 책 내용의 전부예요.) 우리는 로맨스에서 오는 괴로움에 대해 잘 알고 있습니다. 몇몇 관계는 자연스럽게 끝이 나고, 어떤 관계는 너무 일찍 끝나버리기도 하죠. 사랑하는 사람의 죽음에서 오는 이별의 아픔은 또 얼마나 괴롭습니까? 저는 지금까지 아버지, 절친한 친구, 할아버지, 삼촌을 잃었어요. 이 책을 쓰는 중간에도 친구 한 명이 죽었습니다. 우리는 사랑하는 애완동물이 무지개다리를 건널 때 절망에 빠지기도 합니다. 지금도 사랑하는 제 반려견이 나이가 들어 죽어가고 있답니다. 저는 최근 몇 년간 사회 활동가, 집이 없는 청년들과 일을 해 왔어요. 그들이 겪는 사회적 고통 앞에서 매일매일 비탄에 빠지곤 합니다. 당신의 슬픔과 괴로움이 어떤 종류의 실연에서 왔건, 이 책이 어떤 식으로든 도움이 될 것이라고 약속합니다. 제가 살면서 가장 많이 시음試飮해 본 것은 위스키가 아니라 실연의 아픔이거든요. 말이 나왔으니 하는 얘기지만, 좋은 위스키를 적당히 마시면 아픔에도 도움이 된답니다.

 이 책의 대부분은 뉴욕시에 있는 ABC 카펫 앤 홈(ABC Carpet & Home) 매장의 창가에서 쓰였습니다. 매일 아침 눈을 뜨면 저는 거대한 매장의 별실로 출근해서 독특한 명상을 시작했습니다. 오전 몇 시간 동안 사람들을 만나서 일대일로 대화를 나눴습니다. 그들의 이별담, 실연담을 들었습니다. 그 시간 동안 저는 어떠한 조언도 하지 않았습니다. 그저 거울이 되었습니다. 대화를 나누는 상대가 자신의 마음에서 어떤 일이 벌어지고 있는지 스스로 비춰볼 수 있도록 거울이 되어줬습니다. 이것은 일종의 명상 시간이었습니다.

오후에는 매장의 창가 자리에 앉아, 대화를 나누며 공명했던 슬픔과 실연의 괴로움을 노트북에 쏟아냈습니다. 이 책은 전통적인 불교의 가르침, 괴로움을 마주했던 저의 경험, 그리고 제가 만난 모든 이들의 아름다운 마음과 그들의 이야기가 한데 모인 것입니다. 이 책이 모든 중생에게 도움이 되기를 발원합니다.

이 책을 읽는 방법

이 책은 다른 책들처럼 첫 페이지부터 마지막 페이지까지 차례대로 읽을 필요가 없습니다. 슬픔에 잠긴 상태라면, 아마도 페이지 순서대로 책을 읽기가 어려울 테니까요. 첫 페이지부터 시작해서 끝까지 책을 읽어나가는 그런 선형적인 논리는 비통한 사람에게 맞지 않습니다.

 책을 페이지 순서대로 읽는 대신에 지금 현재 느끼고 있는 감정을 따라서 책을 읽으세요. 화가 나시나요? 그렇다면 '화가 난다면'이라는 장章으로 가보세요. 지금 배신감을 느끼시나요? '배신감을 느낀다면' 장을 읽으세요. 끝이 보이지 않는 깊은 우물에 빠져든 것 같나요? '세상이 무너진 것 같다면'이란 장을 읽어보세요. 애통함은 다양한 형태로 나타납니다. 이 책은 각기 다른 형태의 애통함에 도움이 될 만한 무언가를 드리고자 합니다. 당신에게 필요한 부분으로 가서 지금 당장 도움이 될 만한 무언가를 찾을 수 있기를 바랍니다.

이 책을 읽는 동안 몸을 학대하는 방법으로 스스로를 괴롭히지 않기를 권장합니다. 폭주나 폭식 같은 행위들로 말이죠. 대신 나의 감정과 함께 있어 주고, 나의 감정을 이해하고, 오롯이 그 감정을 경험함으로써 헤쳐나가기를 당부드릴게요.

이 책은 어려운 시기에 스스로를 돌보는 방법에 관한 책입니다. 저는 이 과정에 필요한 다양한 감정 관리법을 제시하기 위해 여기에 있습니다. 저는 당신의 자기 돌봄(self-care)의 과정에 도움이 되고자 여기에 있습니다. 상심과 비통함에는 소화해야 할 수많은 감정이 뒤따릅니다. 우리는 이 강렬한 감정들을 함께 탐구할 것입니다. 이런 감정들을 느끼는 것은 당연하고, 괜찮습니다. 그것들을 충분히 느껴보세요.

하지만 시작하기 전에 주의해야 할 점이 있습니다. 어떤 감정 상태에도 갇혀서는 안 됩니다. 강렬한 감정을 잠시 방문하는 것은 괜찮습니다. 잠시 거기에 머물러도 좋습니다. 하지만 그 감정에 너무 익숙해져서는 안 됩니다. 언젠가 그 감정은 변할 것입니다. 왜냐하면, 당신이 항상 변하고 있으니까요. 시간이 지나면 우리는 새로운 감정을 다루기 위해 나아갈 것입니다. 그럴 때, 그 강렬했던 감정을 재방문하고 그 감정 상태와 좀 더 시간을 보내도 괜찮습니다. 다만 지금 느끼고 있는 어떤 것에도 너무 집착하지는 마세요. 나는 내가 생각하는 것보다 훨씬 유동적이며, 내 감정들도 마찬가지입니다.

　책의 본론으로 들어갈 준비가 되었다면, 목차를 살펴보고, 나에게 가장 울림이 있는 부분을 찾아가세요. 혹은, 그저 아무 페이지로나 책을 넘겨보셔도 좋습니다.

이 책을 읽을 시간이 없다면

알아요. 마음의 상처를 간호하느라 바쁘시단 것을. 한 단락 읽기도 벅차고, 한 페이지도 온전히 집중해서 읽기 힘든 상태일 수 있어요. 책 전체는 말할 것도 없겠죠. 이 책은 그런 당신을 생각하며 만들어졌어요. 각 장은 아주 짧게 쓰였어요. 조언뿐만 아니라 재밌고 유익한 이야기, 명상과 다양한 실습 등 직접 함께할 수 있는 내용이 있어서 대강 읽고 치워버리는 그런 독서랑은 다를 거예요. 그럼에도 이 책 전체를 다 읽을 시간이 없을 수도 있겠죠. 그래서 이 장에서는 이 책이 전하고자 하는 바를 간단하게 전부 다 말씀드릴게요.

당신은 어떤 형태로든 치유될 거예요.
정말이에요. 생각했던 것과 다를 수는 있지만 어떤 모습으로든 치유될 거예요. 이건 정말 확실히 보장할 수 있어요.

시간이 걸릴 거예요.
치유되는 데는 생각했던 것보다 더 많은 시간이 필요합니다.

그 시간 동안 자기 파괴적인 행동을 하고 싶을 수 있습니다.
아마 벌써 했을 수도 있겠죠. 술을 너무 많이 마시거나, 잠깐의 관계를 맺거나, 제정신이 아닌 채로 지내고, 과식하고, 넷플릭스에 빠져 시간을 보내거나, 그 밖에 여러 가지 방법으로 자신의 상황을 돌보지 않고 정서적으로 벽을 치고 자신을 가두는 행동들 말이죠. 이 책에서 우리는 이별로 인한 괴로움을 다루는 더 건강한 대안들을 함께 나눌 겁니다.

이 시기를 헤쳐나가는 가장 좋은 방법은 가능한 한 당신의 경험과 온전히 함께 있는 것입니다.
주체할 수 없는 슬픔과 함께하는 상황은 마치 줄타기와 같아요. 우리는 반대편까지 한 발 한 발 내딛어야만 한다는 것을 알고 있어요. 자기 파괴적인 활동들은 유혹적이에요. 그중 하나에 주의를 뺏기는 순간 줄에서 떨어질 테고 그럴 때마다 괴로움은 더 심해지죠. 줄을 따라 앞으로 빠르게 움직일수록 더 일찍 반대편에 도착할 수 있습니다.

감정을 온전히 수용하면서 그 감정에 데이지 않을 수 있어요.
이별의 아픔으로 생겨난 강한 감정들과 함께 있으면서도 줄에서 떨어지지 않는 방법들이 있어요. 현재 어려움을 겪고 있는 감정에 맞춰 책에서 필요한 부분만 선택적으로 읽으셔도 괜찮습니다. 거기 담긴 조언, 이야기, 명상 실습이 내가 앞으로 나아가도록 도와줄 거예요.

다시 한 번 강조합니다. 치유될 거예요.
떨어지지 않고 팽팽한 줄의 다른 쪽 끝에 도달할 수 있어요. 한 발 한 발 앞으로 다른 곳에 주의를 뺏기지 않고 넘어지지 않을 수 있습니다. 줄타기의 다른 쪽 끝에 도달했을 땐 더 강해져 있겠죠. 내가 괜찮아지는 데 필요한 모든 것이 내 안에 있다는 것을 깨닫게 될 거예요.

한 발짝 한 발짝 내딛어봅시다. 어려운 상황을 함께 탐험해봅시다. 다음 페이지를 계속해서 읽어도 좋고, 현재 겪고 있는 감정에 따라 다른 장으로 넘어가도 좋습니다. 우리는 함께할 겁니다.

이별 인터뷰

이 책을 쓰는 동안 뉴욕의 ABC 카펫 앤 홈에서 많은 사람을 만났습니다. 만난 사람 모두가 용기를 내어 자신의 가슴 아픈 이별담을 들려주었습니다. 이별담을 가진 사람들과 만나기로 마음먹었을 때만 해도 연인과의 이별, 실연에 관한 이야기를 주로 듣게 될 것으로 생각했죠. 하지만 제 예상이 틀렸어요. 이별에서 오는 괴로움의 형태는 셀 수 없이 다양했어요. '이별의 아픔'이라는 용어가 얼마나 넓게 적용될 수 있는지, 얼마나 많은 경험을 다룰 수 있는지 새롭게 알게 되었죠. 아래는 사람들이 겪은 가슴 아프고 괴로운 경험을 듣고 정리한 것입니다.

- 타인과 나 비교하기
- 어린 시절의 친구와 재회하여 연인관계로 발전했다가 차이기

- 30대에 찾아온 아버지의 갑작스러운 죽음
- 10대 시절 내내 투병하던 아버지 지켜보기 그리고 그의 죽음
- 아들 입양 보내고 소식 못 듣기
- 나의 잠재력을 발휘하지 못하는 삶을 사는 느낌
- 특정 인종에 대한 공권력의 폭력성과 잔혹성을 목격하며 똑같은 상황이 나에게도 쉽게 일어날 수 있다는 사실 자각하기
- 10년 동안 결혼 생활을 함께한 남편이 게이라는 것을 알게 되기
- 이혼
- 고등학교 시절 첫사랑의 죽음
- 일 때문에 어린 자녀를 충분히 돌보지 못하는 일상
- 딸과 손주들과 날이 갈수록 멀어지는 느낌
- 고등학생 시절부터 사귀던 여자친구가 대학에 가서 다른 사람을 사귀게 되어 차이기
- 결혼 일주일 전 증조모의 죽음
- 싱글로 생활하기
- 학대하는 부모 밑에서 자라기
- 고등학교 시절 가슴 쓰라린 이별
- 가족 구성원의 자살

- 자꾸만 실패로 돌아가는 연애
- 몽유병 앓고 있는 애인과 생활하기
- 정신 질환으로 인해 가족과 멀어지기
- 집 잃기
- 매우 어린 나이에 겪은 형제의 죽음
- 나와 맺어질 평생의 인연은 없을 것 같은 느낌
- 사랑하는 고양이의 죽음(생각보다 훨씬 많은 사람이 이 경험을 이야기했어요.)
- 나는 아직 이별의 상처를 치유하고 있는데 헤어지자마자 새로운 연애를 시작하는 애인
- 끊임없는 자기 의심
- 이번 생의 운명이라고 생각했던 전 애인과의 재회… 그리고 완전히 실망하기
- 여러 해 동안 만났다 헤어지기를 반복하는 애인과의 관계
- 어머니의 죽음
- 나를 배신한 사람에게 속아 주변 사람이 나에게 등 돌리는 상황
- 알코올 중독으로 인한 형제자매의 죽음
- 명백한 사회적 차별
- 제대로 끝맺지 못한 옛사랑
- 39세, 가족을 꾸리고 싶지만 적절한 상대가 나타나지 않

는 상황
- 신이 준 소중한 선물인 이 삶을 낭비하고 있는 것 같은 느낌
- 미치도록 외로운데, 혼자 있는 법에 대해 아무것도 모르는 상태
- 해외로 가게 되어 사랑하는 사람들과 작별하기
- 중독재활센터에서 만난 상담사와의 부적절한 관계
- 중독재활센터에서 만난 상담사와의 부적절한 관계에 기인한 마약 중독 재발
- 종교적 신념으로 인해 고등학교 남자친구와 헤어진 뒤 20년 동안 그처럼 깊은 연인관계 만나지 못하기
- 정신병 걸린 조카에 의한 여동생의 죽음
- 시간이 지남에 따라 멀어지는 인간관계
- 성폭행 피해 경험
- 9/11 테러로 인한 PTSD, 현기증, 청력 손실
- 노년이 되어 사회로부터 소외되는 느낌
- 이루어지지 못한 짝사랑
- 암
- 좋지 않은 습관과 생각 때문에 스스로 암을 유발한 것 같은 마음

이 모든 것이 이 책을 쓰며 사람들에게 전해 들은 괴로움

과 비탄의 원인입니다. 놀랍게도 이 중에서 지어낸 것은 단 하나도 없습니다. 그 말인즉슨 세상에는 듣도 보도 못한 괴로움의 원인이 훨씬 많다는 것이겠죠. 저와 대화한 사람들은 괴로움과 비탄을 극복한 과정도 나누어주었어요. 다음은 그 내용을 정리한 것입니다.

- 나 자신을 온전히 수용해줄 수 있는 사람과 함께 있기
- 내가 겪고 있는 고난에 대해 솔직히 이야기하기
- 타인을 도와주는 데 집중하기
- 시간(약간 클리셰지만…)
- 자녀와 시간 보내기
- 낮잠 자기
- 상담받기
- 반려견과 공원 산책하기
- 명상하기(여러 사람이 명상을 언급했어요. 한 사람은 "방석 위에 그저 앉아 있던 시간이 내 인생을 구했어요"라고 말했어요.)
- 사랑하는 사람이 고인이 되기 전 함께하던 취미 생활 다시 하기
- 중요한 행사에서 고인이 좋아하던 음료수와 함께 고인 자리도 세팅하기
- 다른 사람에게 진심으로 관심 받기

- 내가 상처 준 사람을 찾아가 용서 구하기
- 생각하면 가슴 아픈 사람과의 추억을 부드러운 돌에 적어 그 돌을 자연 속에 놓고 오기
- 요가 하기
- 쿠키 먹기 (적당히)
- 반려견과 함께 있기
- 내면의 아이 쓰다듬으며 말 걸기
- 독서하기
- 친구들 만나기
- 기도하기
- 달리기
- 정원 가꾸기
- 춤추기
- 글쓰기
- 건강한 음식 먹기
- 포옹하기
- 괴로움을 통찰하며 숨쉬기
- 괴로움과 비탄에 빠진 사람 경청해주기

한 여성은 이렇게 말했죠. "눈물이 바다가 될 만큼 울었어요. 수영도 못하는데 말이죠." 정말이지 사람들의 괴로움과

비탄에 찬 경험들을 매일매일 듣는 과정은 눈물바다에서 쉬지 않고 첨벙대는 느낌이었어요. 슬픔에 찬 사람들의 이야기를 들으며 제 마음도 슬픔, 상처, 괴로움으로 가득찼어요. 아픔에 공감했습니다. 그렇게 함께 아프고, 괴로우면서, 저는 한 사람 한 사람에게 사랑을 느꼈습니다. 낯선 저를 만나 가슴 아픈 기억을 나눠준 모든 분의 용기에 감사드립니다. 사랑합니다. 사랑해요. 진심으로 사랑합니다.

이별의 아픔이란?

이 책은 '이별의 아픔'에 관한 책이니 아픔에 대해 최소한의 정의가 필요하겠죠? 이미 수백만 권의 책, 세미나, 자기계발 학술대회 등에서 이별에서 오는 슬픔에 관한 연구가 이루어졌습니다. 성경에서도 실연과 상실에 대한 언급이 있지만, 현대 자료에 따르면 'Heartbreak(아픔, 슬픔, 비탄)'[*]라는 용어는 16세기에 기원했다고 합니다. Dictionary.com은 이를 "큰 슬픔, 비탄, 또는 고통"으로 정의합니다. 개인적으로 이 정의가 약간은 피상적으로 느껴져요. 이별의 아픔을 극복하기 위해 쓰인 이 책은 '아픔'을 다음과 같이 정의합니다.

> Heartbreak (명사): 기대가 충족되지 않을 때 겪는 광범위한 고통; 인간 현실의 한 양상

---

[*] 저자는 이별의 아픔을 영어 단어 'Heartbreak'으로 통용하고 있다.

이 책을 쓰면서 대화한 사람들은 하나같이 제가 연인 사이의 이별에 관해서만 쓰고 있다고 추측했습니다. 물론 이 책은 로맨스에서 오는 실연을 다루고 있습니다. 연인과의 이별을 겪고 힘든 시간을 겪고 계신다면 이 책이 큰 도움이 될 거예요. 하지만 'Heartbreak'라는 용어가 포함하는 상황은 훨씬 방대합니다. 이별의 아픔은 스스로를 낙담으로 몰아넣고 다른 사람과 자신을 비교하는 속 좁은 우리의 모습입니다. 이별에서 오는 아픔은 우리가 스스로를 용서하고 싶지만 용서하지 못하고 있는 모습이기도 합니다. 이별의 아픔은 다른 사람이 나를 배반하고, 실망하게 하고, 내팽개치고, 또 나를 두고 죽어 버린 상황들도 포함합니다. 이별의 슬픔은 소중히 여기던 반려동물의 죽음도 포함합니다. 이별은 사회적인 슬픔이기도 합니다. 지구를 학대하는 우리의 모습, 서로서로 착취하는 현실까지. 이별의 슬픔은 개인적이며, 상호적이고, 사회적입니다. 슬픔은 수많은 형태로 나타납니다. 슬픔은 우리의 비현실적인 기대가 충족되지 않는다는 사실을 중심으로 굴러갑니다. 목 빠지게 기다리던 운명의 사랑이 내 삶에 나타나 영원히 행복하게 살 것이라거나, 내 삶을 이미 깊이 공유하고 있는 사람들이 절대 죽지 않을 것이라는 비현실적인 기대는 슬픔의 뿌리가 됩니다.

한 권의 책에서 모든 슬픔의 시나리오를 다루는 것은 불가능합니다. 하지만 나름의 경험과 연구를 통해 발견한 것이 있습니다. 슬픔을 일으키는 구체적인 상황은 무궁무진하지만, 그 모든 상황은 비슷한 반응을 초래합니다. 슬픔을 마주한 사람은 스스로를 가둡니다. 화를 냅니다. 낙담합니다. 괴로움을 마주했을 때의 반응. 이 책을 통해 그 반응을 더 유익한 방향으로 바꿀 수 있습니다. 어떤 이유로 마음이 깨지고 부서졌든 이 책이 당신을 도와줄 수 있을 겁니다.

사랑이란?

1993년, 가수 헤더웨이(Haddaway)의 'What Is Love?'라는 댄스 싱글이 미국 전역을 강타했습니다. 단순한 노래였지만 중독성이 강했죠. "Baby, don't hurt me… no more(자기야, 더는 상처 주지 마)"라는 후렴구는 사랑과 상심이 동전의 양면과 같다는 것을 잘 드러냈죠. 우리가 누군가를 사랑해서 연약해질 때, 우리는 사랑이 선사하는 모든 즐거움에 열려 있게 되지만, 동시에 사랑하는 이에게 상처받을 가능성에도 열려 있게 됩니다. 사랑에 빠진 사람 중에서 상대방에게 어떤 식으로든 상처받지 않은 사람은 없을 거예요.

사랑은 양날의 검과 같습니다. 누군가를 사랑할 때 그 사람에게 행복을 주기도 하지만 불가피하게 상처입힐 때도 있죠. 그렇다고 해서 우리가 사랑하지 말아야 한다는 뜻은 아닙니다. 아무리 사랑하지 않으려고 애써도, 사람은 타인을 사랑하는 것을 멈출 수 없습니다.

불교적 관점에서 보면 사랑은 우리에게 깊이 내재한 특성입니다. 이따금 상처받을 땐 마음을 닫고 사랑에 방어적인 자세를 취할 수도 있습니다. 자신을 보호하고 싶어서 마음의 갑옷을 입고 단단해지려 할 때도 있죠. 그러나 겹겹이 입은 갑옷 안쪽에는 사랑하길 원하는 마음이 항상 자리 잡고 있죠.

이별 이야기를 나눠준 사람 중에 경계심이 정말 강한 남성분이 있으셨어요. 그는 이렇게 말했죠, "내가 사랑을 줄 수 있다는 것을 알아요. 그 여자가 아니겠지만, 누군가에게 사랑을 줄 수 있다는 것은 압니다." 경계심이 강한 그분조차도 이렇게 말했습니다. 이 말이 옳다고 생각해요. 우리는 혼자가 아닙니다. 우리 모두 마음의 갑옷을 벗을 수 있다면 무한한 사랑을 언제까지나 줄 수 있습니다.

어떻게 하면 세상에 대한 방어적인 자세를 내려놓고 무한한 사랑을 경험할 수 있을까요? 저의 스승인 사콩 미팜 린포체(Sakyong Mipham Rinpoche)가 이렇게 말한 적이 있어요, "사랑은 고요한 마음의 자연스러운 힘이다."[1] 명상, 또는 다른 방법들을 통해 마음이 안정될수록, 우리는 갑옷 안쪽에 존재하는 사랑에 더 쉽게 접근할 수 있습니다.

제가 따르는 수행 전통인 샴발라(Shambhala)에서는 이 갑옷을 고치라고 부릅니다. 이 고치는 우리가 세상으로부터 숨

어버리려고 만들어낸 마음입니다. 고통으로부터 자신을 보호하기 위한 환상의 장치죠. 이 마음은 "난 쓸모없어"라거나 "나는 절대 나를 온전히 이해하는 사람을 찾지 못할 거야"라고 말합니다. 이런 마음은 "나 빼고 모두가 다른 누군가와 정착해서 행복해질 거야"와 같은 이야깃거리를 만들어내죠. 이는 내 마음의 연약한 부분을 보호하려는 극단적인 시도라고도 할 수 있습니다. 이런 극단적인 방어기제는 두꺼운 실처럼 마음을 꽁꽁 싸매죠. 이런 식의 머릿속 이야깃거리들이 펼쳐지게 놔두면 마음의 고치는 엄청 빠르게 단단한 갑옷으로 변해버리죠.

명상은 이러한 부정확하고 불안정한 생각의 가닥들을 잘라내고 나에게 원래 내재한 상냥하고 친절한 마음을 발견하게 해주는 도구입니다. 상냥하고 친절한 마음은 믿을 수 없을 정도로 강력합니다. 회복력도 강하죠. 그것은 한없는 사랑을 지니고 있습니다. 자기 자신을 괴롭히는 부정적인 머릿속 이야기만 내려놓을 수 있다면 이 강력한 마음은 즉시 빛을 발할 수 있습니다. 이 마음은 사랑하고 사랑받는 인연으로 삶을 가득 채워줄 수 있어요. 이 말을 좋은 말로만 받아들이지 마시고 '명상이란?' 장에 나와 있는 명상 실습을 직접 해보고, 명상이 실제로 사랑의 능력을 더 깊어지게 하는지 스스로 확인해보세요.

불교 전통에선 네 가지 특성이 사랑을 이룹니다.*

1. **자비로운 친절**: 산스크리트어 'mitra'에서 온 이 특성은 '친구', '우정'으로 번역되기도 해요. 자비로운 친절의 행위는 자기 자신을 친구로 삼는 행위죠. 자기 자신을 사랑할 수 없다면 다른 이를 사랑할 수도 없어요. 자비로운 친절은 파티에 있는 무제한 음료대와 같아요. 초대받은 친구들이 흥분해서 말하겠죠, "좋아, 음료대는 어디 있어?" 맥주가 무제한으로 나오는 식수대의 버튼이 눌리지 않는다면 친구들이 들고 있는 컵이 몇 개건 그 누구도 맥주를 마실 수 없겠죠. 사랑도 마찬가지입니다. 여러 사람을 만날 수도 있고, 가족과 시간을 보낼 수도 있고, 수백만 번의 데이트를 할 수도 있습니다. 하지만 자기 자신을 친구로 삼지 못하고, 자기 자신을 사랑하고 있지 않다면, 다른 존재들에게 줄 수 있는 진정한 사랑은 있을 수 없습니다.

2. **연민**: 자기 자신을 친구로 삼아야만 비로소 자신의 마음을 다른 이들에게 내어줄 수 있습니다. 우리는 사랑하는 사람의 즐거움과 괴로움을 공유합니다. 삶에는 수많은 종류의

---

* 사무량심四無量心: 중생의 괴로움과 미혹을 없애고 즐거움을 주는 자慈 · 비悲 · 희喜 · 사捨, 네 가지의 헤아릴 수 없는 마음.

괴로움이 있습니다('인생이 괴로움이란 사실을 받아들일 수 있다면' 장에서 이에 대해 더 자세한 내용을 다루고 있어요). 수많은 괴로움의 형태를 깊이 이해하고 그것과 친숙해진다면 다른 이들의 괴로움을 수용하고 포용하는 것을 편안하게 여길 수 있게 됩니다. 누군가를 사랑한다면 행복하고 즐거운 시간에만 함께하는 것이 아니라, 고통스럽고 괴로운 시간에도 함께 있을 수 있어야 하죠. 두 사람이 함께 어깨를 나란히 두고 인생에서 등장하는 수많은 불편함을 함께 맞이할 수 있을 때, 진정으로 사랑하는 사이라고 할 수 있겠죠. 이는 연인 관계, 가족 관계, 친구 관계, 사랑으로 이루어진 모든 관계에 해당합니다.

   3. 공감적 기쁨: 불교에서 말하는 사랑의 또 다른 특징은 '공감적 기쁨'입니다. 이것은 우리가 다른 사람들의 기쁨에서 자신을 분리하지 않는 것을 의미하죠. 연민의 마음으로 상대의 고통을 함께하듯, 공감으로 상대의 기쁨도 함께하는 것이죠. 타인의 고통과 기쁨, 둘 다를 받아들여야 합니다. 누군가의 좋은 소식을 들었을 때 우리는 이따금 그것이 나에게 어떤 영향을 미칠지를 먼저 생각합니다. 그저 진심으로 그 일을 축하해주는 대신 말이죠. 힘든 시기에 함께하는 것뿐만 아니라 좋은 시기를 진심으로 축하해주는 것이 공감적 기쁨입니다. 공감적 기쁨은 우리의 마음을 한껏 넓혀줍니다.

4. **평정**: 산스크리트어로 평정을 의미하는 단어 'upeksha'는 '포괄성'의 의미도 담고 있어요. 제가 가장 좋아하는 번역이죠. 평정심은 내가 좋아하는 친구들과 어울릴 때나, 바에서 전 애인을 마주칠 때나, 나에게 정말 나쁜 짓을 한 동료를 마주칠 때나, 언제나 마음을 활짝 열어두는 것을 의미해요. 평정심은 내가 좋아하는 사람, 내가 싫어하는 사람, 내가 만나본 적이 없는 수많은 사람 모두를 내 마음에 담는 것을 뜻해요. 틱낫한(Thích Nhất Hạnh) 스님은 이렇게 말했어요, "한 사람을 사랑할 때, 모든 사람, 모든 존재를 사랑할 기회가 함께 열립니다."[2] 평정심은 우리의 마음이 누구에게나 따뜻하고 친절해질 수 있게 해줍니다.

모든 존재를 사랑하는 힘은 자신을 돌보고 사랑하는 것에서 시작됩니다. 샴발라 전통의 페마 초드론(Pema Chödrön) 스님은 이렇게 말했습니다, "자신 안의 마귀를 돌보지 않는 한 남을 향한 조건 없는 선심을 갖는 것은 불가능하다."[3] 우리는 가장 먼저 자신 안의 마귀를 돌봐야 합니다. 그런 다음 그 마귀를 친구로 삼아야 합니다. 내면의 악한 부분도 진정으로 사랑할 수 있게 되면 비로소 자신의 모든 면을 사랑하게 됩니다. 내 안의 악한 면을 이해하는 과정에서 우리는 다른 이들의 마귀도 이해하고 수용할 수 있게 됩니다.

사랑의 이 네 가지 특성을 사유하고 일상생활에서 이를 실천할 수 있다면 사랑이 끼칠 수 있는 영향력은 실로 어마어마할 테죠. 우리의 사랑은 한 사람에게만 국한되지 않을 거예요. 무한한 사랑이 자유롭게 흘러서 일상에서 만나는 모든 사람에게 이 사랑이 퍼져나가겠죠. 우리는 이따금 상처 받을 것이고, 자유롭게 흐르는 이 사랑이 화답 받지 못할 수도 있습니다. 그럼에도, 사랑으로 남을 대하며 사는 것이 마음의 문을 닫고 살아가는 것보다 훨씬 낫습니다. 상심은 사랑이란 경험의 한 부분입니다. 사랑은 존재의 한 부분이고요. 사랑과 상심, 둘 다와 친해지는 게 좋습니다.

명상이란?

세상엔 많은 종류의 명상이 존재합니다. 어떤 명상법들은 시간이 검증한 것으로 수천 년 동안 전수되어 실천되어 왔죠. 어떤 명상법들은 자칭 사상 지도자라는 사람들에 의해 지난주 화요일에 만들어졌기도 하고요. 저는 전자를 추천하고 싶습니다. 저는 불교 가정에서 자랐어요. 어릴 때부터 배우고 실천해 온 명상의 유형은 사마타(차분하게 머무르기) 명상이에요. 사마타는 수 세기 동안 수행됐습니다. 매우 멋진 수행법이죠.

사마타 명상은 종종 '마음챙김'이라고도 불립니다. 이 명상은 호흡에 우리의 전심을 기울이는 것을 포함하죠. 마음챙김 명상의 효과성을 입증하는 연구는 최근 몇 년간 많이 이루어져 왔어요. 과학이 지난 2,600년 동안 불교 수행자들이 알고 있었던 것을 증명해주고 있죠. 하루에 아주 짧은 시간 명상을 하는 것만으로도 집중력과 회복력이 올라가고 기억력이 좋아진다고 해요. 스트레스를 줄인다는 연구 결과도 있죠. 과학은 매년 명상의 유익한 점을 더 많이 증명해가고 있어요.

명상의 실용성을 과학이 뒷받침해주는 것에 감사하지만, 저는 그보다도 사마타 수행이 저에게 준 이익을 이야기하고 싶어요. 사마타 명상은 제가 삶의 모든 면에서 온전히 현존하게 해주었어요. 명상은 제 삶의 모든 부분에 도움이 되었습니다. 사마타 명상은 제 마음이 무엇에 걸려 있는지 알게 해주었고, 일상 활동에 더 몰입하게 해주었습니다. 사마타 명상은 저 자신을 더 잘 알게 해주었고 더 사랑하게 해주었죠. 타인에게 더 친절해졌고, 타인을 더 사랑하게 되었고, 연민의 마음도 깊어졌습니다. 친구나 배우자와 함께 있을 때는 온전히 그들과 함께 있게 되었습니다. 연인과 헤어지거나 죽어가는 아버지의 손을 잡고 있을 때도 저는 온전하게 그 순간에 현존할 수 있었죠. 명상은 제가 수많은 삶의 즐거움과 괴로움에 잘 대응할 수 있도록 도와주었습니다.

명상은 언제나 커다란 선물이었죠. 명상은 이별의 괴로움을 드러낼 때도 큰 도움이 됩니다. 이별로 인한 괴로움에 대처하는 가장 좋은 방법은 그 괴로움을 직접 마주하는 거예요. 이것은 이 책을 쓰기 위해 진행한 모든 인터뷰와 제 삶의 경험을 관찰해서 얻어낸 사실이죠. 괴로움을 피하지 않고 함께 있는 것이 괴로움을 극복하는 가장 좋은 방법입니다. 불편함과 오롯이 함께하는 것이 불편함을 극복하는 최고의 방법입니다. 명상은 우리가 이별로 인해 야기되는 불편한 감정들과 함께 잘 머물도록 도와줍니다.

 명상을 꼭 해보시라고 조언 드립니다. 매일 10분 동안 앉아서 자신과 함께 시간을 보내세요. 자신을 바꾸려는 노력이 아닙니다. 그냥 있는 그대로 편안하게 있으면 됩니다. 단 10분만요!

 할 수 있습니다.

세팅

방석을 가져와서 편안하게 앉을 수 있게끔 바닥에 두세요. 정돈된 공간 안에 있는 것처럼 느껴져야 합니다. 집안에서 편히 앉을 수 있는 곳, 넓고 정돈된 곳을 선택하세요. 방석 대신 의자에 앉고 싶다면 그것도 괜찮습니다.

 타이머를 10분으로 맞추세요. 스마트폰에 있는 타이머 기능을 이용해도 좋고 시계를 이용해도 좋습니다. 만약 스마트폰을 사용한다면 비행기 모드 상태에서 타이머 기능을 이용하시는 게 좋아요. 그렇지 않으면 문자 메시지를 확인하고 싶은 마음이 명상을 방해할 수도 있으니까요.

명상을 위한 세팅, 간단하죠?[4]

자세

명상할 때 몸을 특별히 어떻게 할 필요는 없습니다. 바닥이나 방석 위에 편안하게 앉을 수 있다면 충분합니다. 느슨한 양반 다리로 무릎을 엉덩이보다 아래로 살짝 땅에 닿게 할 수 있다면 좋습니다. 의자에 앉는다면 몸의 중심을 의자 중앙에 두고, 등받이에 기대지 않고 발을 바닥에 편안하게 두세요.

몸을 끌어당기는 지구의 중력을 느껴보세요.

척추를 폅니다. 어깨는 들지 않고 가만히 둡니다. 하늘에서 내려온 줄이 정수리와 이어져서 나를 살짝 들어 올린다고 상상해도 좋습니다. 어깨, 등, 목 근육은 편안하게 이완해주세요. 팔꿈치를 들어 올려 손바닥을 위로 향하게 한 뒤 손바닥을 허벅지에 내려놓으세요. 손바닥을 내려놓을 때 기운이 가라앉는 것을 느낄 수 있을 거예요. 이 자세는 등을 더 안정감 있게 지지해줍니다.

머리와 척추가 일직선에 놓이게 합니다. 턱을 약간 당기고, 아래턱을 느슨하게 해서 입이 살짝 벌어지게 해주세요. 이렇게 하면 얼굴 전체의 근육이 이완될 거예요.

눈을 감아도 되지만, 제가 따르는 샴발라(Shambhala) 전통은 눈을 뜨고 명상하기를 권장해요. 우리는 명상을 통해 깨어나고 있어요. 지금 이 순간에 있는 것들과 함께 있기를 배우는 거죠. 그러니 눈을 살짝 뜨고 70~80cm 앞의 바닥에 시선을 편안하게 두세요.

호흡

호흡에 온전히 주의를 두세요. 명상을 위해 인위적으로 호흡 방식을 바꿀 필요는 없어요. 자연스럽게 숨이 오가도록 둡니다. 몸 안팎으로 숨이 들어오고 나가는 것을 느끼며, 들숨과 날숨 모두에 주의를 기울입니다. 자연스럽게 숨 쉽니다.

마음

호흡을 지켜보다 보면 마음이 산만해진 것을 알게 될 거예요. 특히 이별로 마음이 괴로울 때는 억울한 일들, 미래에 쓸쓸하게 혼자 죽게 되는 머릿속 시나리오, 이 순간에 일어나지 않는 여러 의심 가득한 상상이 펼쳐질 수도 있어요. 하지만 지금 이 순간 나는 안전하게 바닥 위에 앉아 있고, 이 시간과 공간에 혼자 있어도 꽤 괜찮다는 것을 느껴보세요.

생각에 잠겼다는 것을 알게 됐을 땐 그냥 인정하고 호흡으로 돌아오면 됩니다. 원한다면 조용히 그리고 부드럽게 "생각"이라고 말하고 다시 호흡으로 돌아와보세요. 계속해서 호흡으로 돌아오세요, 계속해서요. 만약 생각에 자주 빠진다 해도 그게 내가 형편없는 명상가라는 뜻은 아니에요. 그날 마음속에서 일어나는 모든 일에 익숙해지고 있을 뿐이죠. 마음은 생각과 개념, 감정을 만들어내니까요. 그게 마음이 하는 일이죠. 마음이 다르게 행동할 것을 기대하는 건 어리석은 일이에요. 산만해졌을 때마다 자신을 용서하고 다시 호흡으로 돌아오세요.

10분이 지나면 잠시 스트레칭을 하세요. 그리고 열린 마음으로, 알아차림과 함께 하루를 시작하세요.

루틴

매일 같은 시간에 위에서 제안한 명상법을 활용하여 규칙적인 수행을 하는 것이 좋습니다. 매일 다른 명상을 시도하는 것을 좋아하는 사람들도 있지만, 이는 매일 다른 악기를 집어 들고 연습하는 것과 같아요. 다양한 경험을 해볼 순 있겠지만 하나를 배우는 데 있어서 진전을 보지 못할 수 있어요. 그러니 사마타 명상을 매일(또는 적어도 일주일에 다섯 번) 한 달 동안 시도해보세요. 분명 효과를 볼 수 있을 거에요. 처음에는 어색하게 느껴질 수 있습니다. 그래도 명상을 꾸준히 하면 그 효과를 경험할 수 있습니다.

어떤 사람들은 명상이 자신에게 맞지 않는다고 말합니다. 저는 그럴 때마다 그 사람들의 경험이 어땠는지 물어보죠. "글쎄요, 세 번 정도 시도했는데 마음이 평화로워지지 않았어요." 제가 자주 듣는 답변이죠. 현대 사회에서 우리는 원하는 것을 짧은 시간 안에 얻는 데 익숙해져 있습니다. 빠른 해결책을 원하는 그 마음은 이해합니다. 안타깝게도 명상은 그렇게 빨리 진전되지 않습니다. 갑자기 100% 마음의 평화를 얻게 해주는 지름길은 없습니다. 명상에서 빠른 효과를 바라는 마음은 마치 헬스장에 세 번 갔는데 5kg이 빠지지 않았다고 실망하는 것과 같죠. 헬스장에 가는 것이 효과가 없는 것이 아니에요. 단지 시간이 필요한 것이죠. 명상도 마찬가지입니다.

집에서 조용한 공간을 찾아 명상하는 자리로 만드세요. 저는 사무실의 한 부분을 명상하는 자리로 쓰고 있어요. 명상 방석과 함께 촛불, 존경하는 존재들의 이미지와 조각상, 영감을 주는 불교 서적들로 작은 공간을 마련했죠. 명상 방석에 투자하는 것이 크게 느껴질 수 있지만, 좋은 방석 하나 마련하시기를 개인적으론 추천해요. 방석을 구매하고 싶지 않다면 촛불, 향로, 조각상, 혹은 그림처럼 그 공간으로 나를 이끌 수 있는 것들을 비치해보세요.

명상을 당신의 일상 스케줄에 포함하세요. 아침에 일어나 자마자 명상하기를 좋아하는 사람들이 있죠. 아이들이 있는 부모의 경우 아이들이 아직 일어나지 않은 시간이 명상하기에 좋을 거예요. 출근 전이나 퇴근 후, 또는 잠자리에 들기 전에 명상해도 좋습니다. 언제가 되었건 나에게 맞는 시간을 선택하세요. 아침에 커피를 마시고, 옷을 입고, 명상한 뒤에 뉴스를 보고 일을 하러 갈 수도 있겠죠. 어떤 시간이든 나에게 맞게 명상을 일상의 순간으로 초대하세요. 명상이 일상의 일부가 되는 것이죠. 3주만 지나면 명상을 하루만 건너뛰어도 큰일을 하지 않은 것처럼 매우 어색하게 느껴지게 될지도 몰라요.

점차로 하루 10분에서 15분, 20분으로 시간을 늘려갈 수도 있습니다. 하지만 일단은 앞서 소개한 방법으로 한 달 동안 매일 10분만 명상해보시길 권합니다. 그리고 일상에서 자신의 마음이 어떻게 변하는지, 타인과의 관계가 어떻게 변화하는지 관찰해보세요.

명상은 가슴이 미어질 듯한 강렬한 감정을 다룰 때 가장 강력하게 활용되는 도구입니다. 이 책의 다른 조언들은 모두 무시해도 괜찮아요. 대신 한 가지만은 꼭 들어주셨으면 합니다.

　명상에게 기회를 주세요.

이별이 괴로운 이유

이별과 괴로움을 주제로 상담하면서 이별로 가슴 아픈 경우가 얼마나 다양할 수 있는지 배웠습니다. 사랑하는 사람의 죽음, 지저분한 실연, 소중한 사람과 멀어지는 일, 사회 전반에 실망감을 느끼는 경우 등 이별의 형태는 무수히 많았죠. 그래도 제가 들은 모든 이별 이야기에는 공통적인 것이 하나 있었어요. 생각과 현실의 괴리가 그것이죠. 세상은 이렇게 되고, 사랑하는 사람은 이렇게 행동하면 좋겠는데, 막상 현실은 전혀 다른 방향으로 흘러갈 때 우리는 괴롭습니다.

 이건 위대한 발견입니다. 외부 대상은 원하는 대로 되지 않고, 그 결과로 우리는 때때로 크게 상심합니다. 우리는 세상이 어떻게 되어야 한다거나, 누가 어떻게 해야 한다는 고정된 기대와 생각에 매우 집착합니다. 그 고정된 생각을 벗어난 일이 일어나면 생각이 만들어놓은 정교한 환상은 산산조각이 나고 말죠.

아래는 실제 사례들입니다.

아버지의 갑작스러운 죽음

우리는 너무나도 당연하게 부모님이 아프지 않고 오래 살아서 우리를 결혼식장에 데려다주고, 양육에 대한 조언도 해주고, 나의 자식들과 함께 집에서 편안한 노년을 보내야 한다는 생각을 하곤 하죠. 하지만 현실에선 몸이 아파 약을 사려고 약국에서 줄을 서 있는데, 하필 그때, 아버지의 죽음을 알리는 전화가 오죠. 삶은 내 생각대로 흘러가지 않습니다.

어릴 적 친구와의 연애, 그리고 이별

정말 힘든 경우예요. 저는 이걸 '로맨틱 코미디 증후군'이라고 부릅니다. 우리는 진정한 사랑을 발견하면 인생의 모든 일이 술술 풀려서 모든 게 해피엔딩일 것으로 생각합니다. 어린 시절 알고 지냈던 누군가와 재회하고, 그는 멋진 사람이 되어 있고, 그에게 푹 빠져버리죠. 그도 당신에게 푹 빠지고요. 많은 갈등과 재미난 일들이 벌어지지만 결국 모든 것이 뜻대로 잘 풀리게 됩니다.… 나는 결혼을 생각하고 있는데 상대는 결혼할 마음이 없다는 사실을 깨닫기 전까지 말이죠. 내가 상상하던 행복한 결말과 달리 상대의 마음속엔 다른 결말이 있었던 것이죠.

결혼을 일주일 앞둔 날, 증조할머니의 죽음

이 사례의 아픔은 증조할머니가 돌아가셨다는 사실에서 오는 것이 아니라(우리는 사람들이 나이가 들면 자연스럽게 죽는다는 것을 알고 있으니까요), 결혼식을 일주일 앞두고 그 죽음이 갑작스레 찾아왔다는 점에서 옵니다. 이 이야기를 해준 여성분은 증조할머니를 위해 결혼식에서 특별히 자리를 꾸미고, 증조할머니가 하실 말과 하실 행동, 친구들이 증조할머니를 얼마나 멋지게 생각할지, 피로연에서 할머니가 드실 음료까지 모든 것을 상상하고 준비했어요. 증조할머니는 그녀의 결혼식 날을 그 누구보다 진심으로 축하해줄 예정이었죠. 그러나 이런 일들은 증조할머니의 죽음으로 인해 일어날 수 없었습니다.

이처럼 모든 이별 이야기가 공유하는 명확한 궤적이 있습니다.

1. 별다른 일 없이 삶이 무난하게 흘러가고 좋은 날이 계속된다.
2. 그런 상황이 계속 이어지거나 더 나아지면 좋았다.
3. 하지만 위기/역경/변화의 순간이 찾아온다.
4. 내 삶 속 누군가가 내가 전혀 예상하지 못한 방식으로 행동한다.

5. 상심한다.

대화를 나눈 많은 사람이 "시간도 지났고, 이젠 괜찮아요. 이제는 이별의 아픔에서 회복 중이에요."라고 말하며 이야기를 마치곤 했죠. 우리는 인종차별이나 젠더갈등과 같은 사회의 여러 문제가 내일 갑자기 해결되기를 기대하진 않습니다. 그러나 마음의 문제를 일으킨 일들은 금세 멈출 것이라는 희망은 쉽게 품곤 하죠.

현실이 생각과 다르게 흘러가기 때문에 우리는 괴롭습니다. 저도 그랬습니다. 젊은 시절 저는 아버지가 당연히 저와 결혼할 여자와 미래의 제 자식들을 만날 것으로 생각했어요. 하지만 그렇게 되지 않았죠. 제가 서른 살 때 아버지가 돌아가셨고, 아버지의 죽음은 제 삶의 가장 힘든 일 중 하나였어요.

사람은 고정된 생각과 기대로 삶이란 이야기를 끊임없이 상상합니다. "내가 빨리 알맞은 결혼 상대를 찾으면 아버지가 죽기 전에 내 결혼 생활을 지켜볼 수 있을 거야!" "이 사람이 나를 평생의 동반자로 선택해준다면 모든 일이 잘 될 거야." 첫 데이트가 무난하게 잘 흘러갈 때 마음은 두 번째 데이트, 세 번째 데이트를 넘어서 앞으로 이 사람과 같이 살 집을 구하고 상견례까지 하곤 하죠. 관계가 조금이라도 진지해질 때 마음은 결혼이나 아이를 갖는 것에 대해 상상하기도 합니다. 우리는 당연하게 어린 시절 친구가 언제까지나 함께 늙어갈 것이라고 가정하기도 하죠. 건강한 가족들과 다가오는 긴 연휴를 함께 보내기 위해 계획을 세우기도 합니다.

하지만 상황은 늘 변합니다. 관계도 변하고, 사람도 변하고. 때로는 아무 이유 없이 관계가 끝나기도 합니다(이 내용은 '왜? 도대체 왜?' 장에서 더 자세히 다루고 있습니다).

사람은 자신이 생각으로 지어낸 이야기에 집착하는 경향이 있습니다. 희망 없는 로맨스에 대한 집착, 과거에 대한 집착, 나를 사랑하지 않는 사람에 대한 집착, 이루어지지 않은 일에 대한 회한과 상황이 여전히 내가 바라는 대로 될 수 있다는 생각에 대한 집착 등. 다양한 집착의 모습이 있습니다. 우리의 마음은 계속 과거나 미래를 붙잡고 현재에 머무르지 못합니다. 현재에 머무르는 대신 마음은 '만약에'라는 상상 속 세상에 대부분의 정신적 에너지를 소비합니다. 현실은 이따금 진실이란 이름으로 그 상상을 방해하곤 합니다. 변화하는 삶의 진정한 모습을 확인할 때 우리는 충격을 받기도 하고 놀라기도 합니다.

사실, 이럴 때마다 부서지는 것은 마음이 아니라 자아(ego)입니다. 자아는 내가 누구인지, 내가 삶의 다양한 측면에 어떻게 반응하는지, 내가 좋아하는 것과 싫어하는 것, 내가 별 관심 없는 것, 이 모든 것에 관한 일련의 확고한 개념들의 집합체에요. 어릴 때 당신은 아마도 잠재적인 가능성의 세계에 대해 꽤 유동적이었을 거예요. 하지만 시간이 지남에 따라 점점 삶의 모든 측면에서 확고해졌을 겁니다.

예를 들어 당신은 어릴 때 방울양배추를 싫어했을 수 있어요. 그 확고한 개념이 몇십 년 동안 이어지고, 어른이 된 당신은 방울양배추를 절대적으로 싫어하는 삶을 살고 있게 되죠. 방울양배추는 싫다는 개념은 이제 당신의 부정할 수 없는 현실이 되는 것이죠. 하지만 어느 날 우연히 방울양배추를 먹었는데 너무 맛있을 수도 있어요. 너무 맛있어서 나의 고정된 생각 때문에 이렇게 맛난 것을 수십 년간 즐기지 못했다는 것을 깨달을 수도 있는 거죠.[5] 우리는 삶의 많은 가능성을 이렇게 허비하곤 합니다.

방울양배추만이 아니에요. 우리는 세상의 모든 측면에 대해 확고한 기대와 의견을 가지고 있어요. 좋아하는 영화의 장르부터 데이트하는 사람의 유형, 내가 할 수 있는 일의 업종까지. 일시적인 느낌은 생각이 되고, 생각은 행동 양식이 되고, 반복되는 행동 양식은 내가 누군지를 결정합니다. 이렇게나 간단한 과정을 반복하면서 삶은 매우 많은 측면에서 굳어집니다. 불교에서는 이것을 자아라고 부르죠.

혹시 불교가 자아를 설명하는 방식이 불쾌하게 느껴지진

않나요? 다행히 좋은 소식도 있습니다. 굳어진 자아에 딱 맞는 치료제가 있습니다. 굳어진 자아를 풀어주는 치료제를 불교에선 현실(Reality)이라고 불러요. 현실은 "네 생각과 달리 진실은 이래"라며 굳어진 자아를 끊임없이 흔듭니다. 현실은 이렇게 말하죠. "방울양배추는 정말 맛있어." "이 사람은 너의 편견과 달리 정말 좋은 인연이 될 거야." "이 사람과 함께 평생 늙어갈 거로 생각했니? 미안, 죽어버렸네." 삶은 근본적으로 불만족스럽고 괴로운 일들로 이루어집니다. 그래서 내가 누구인지가 부서지고, 나의 세계에 대한 확고한 개념이 부서져나가죠. 마음이 부서지는 것은 아닙니다.

마음이 아프다고 가슴에 물리적인 변화가 생기진 않습니다. 트라우마가 심한 이별이나 갑작스러운 죽음을 맞닥뜨렸을 때처럼 정서적 괴로움이 육체적 고통으로 느껴질 순 있겠죠. '가슴 시리다'라는 표현처럼요. 하지만 정말로 변한 것은 내가 생각으로, 고정된 기대로 바랐던 현실입니다. 내가 꿈꿨던 환상, 동화, 머릿속 이야기들, 이 모든 것은 현실처럼 보입니다. 그러나 이런 것들은 너무나도 쉽게 부서지는 것들이에요. 쉽게 부서지는 것에 집착할 때 괴로움이 생깁니다.

"그럼, 자아가 부서지는 것을 피하는 가장 좋은 방법은 누구도 내 마음에 들이지 않는 것이겠네!"라고 생각할 수도 있어요. 안타깝지만, 그건 마음이 작동하는 방식이 아닙니다. 마음은 언제나 사랑하길 원합니다('사랑이란?' 장에서 이와 관련된 내용을 더 자세히 다루었어요). 티베트 불교 카규파(the Kagyu lineage)의 수장은 저와 나이가 비슷하지만 제가 아는 그 누구보다도 백만 년은 더 현명한 것 같아요. 그는 이렇게 말했습니다, "사랑은 올바른 조건이 갖추어질 때 지속 가능합니다. 사람들은 사랑이란 공간을 넓히기는커녕, 기대라는 조그마한 상자에 가둬버립니다. 기대는 다른 사람의 행동이나 말로 사랑을 조건 짓죠. 사랑을 진정으로 위한다면 너무 많은 기대를 해서는 안 됩니다. 사랑은 그저 언제나 주는 편이 더 낫습니다."[6]

사랑이 성장할 공간을 줘야 합니다. 나의 생각 안에, 나의 방식 안에 사랑을 가두면 끊임없이 상심으로 죽을 만큼 괴로워야할 겁니다. 내가 원하는 방식이 아니라 현실을 있는 그대로 인정하고, 있는 그대로의 현실에 안정을 느낄 수 있다면 우리는 비로소 삶에 온전하게 참여할 수 있습니다.

이별 인터뷰에 참여했던 사라(Sarah)는 그녀의 아픔을 정말 아름답게 묘사했어요. "이사하는 거랑 비슷해요, 어떤 건 끝나야 하니까요. 그 과정이 힘들고 지치고, 땀도 나고, 감정도 요동치죠. 내가 평생 갖고 있을 거라고 여겼던 모든 것들을 다시 확인해야 하잖아요. 어떤 것들은 계속 가지고 있고, 어떤 것들은 쓰레기통에 버려야죠. 필요한 것들만 가지고 나와서 작별 인사를 하는 거죠. 그래야 새로운 공간으로 이동할 수 있잖아요. 거기서는 내가 버리지 않고 가져온 것들로 무엇이든 더 많은 일을 할 수 있죠."

이별로 인한 상심은 단지 고통이나 괴로움만은 아니에요. 우리는 상심을 통해 배우고, 모든 면에서 성장의 기회를 얻습니다. 상심을 통해 나도 끊임없이 변하고 있다는 사실을 마주하고, 내 자아가 생각하는 것만큼 그리 단단하지 않다는 진실도 깨닫게 되죠. 그러면서 내가 생각으로 만든 '만약에'라는 세상도 좀 더 편안하게 바라보게 되고, 현실도 있는 그대로 편안히 받아들입니다. 이런 진실들이 정말 소중하게 느껴지지 않나요?

나의 이별 이야기

어머니께 이 책을 쓴다고 했을 때 어머니는 이렇게 말씀하셨어요. "블레어(Blaire)한테 차이더니 이별에 관한 책까지 쓰는구나." 기분이 좋지 않았지만 대수롭지 않게 여겼죠. 왜냐하면, 그게 사실이 아니란 걸 알고 있었으니까요. 많은 사람이 이별 때문에 괴롭고, 그에 대해 사람들과 직접 대화를 나누고 싶어서 이 책을 썼습니다. 더 깊은 차원에서는 제가 이별의 괴로움에 대해 잘 알기 때문에 이 책을 썼습니다. 블레어도 떠났고, 그 전엔 재키가 떠났고, 그 전엔 레이첼, 에이미, 젠, 데프네 모두 저를 떠났죠. 삼십 대 남자로서 주변의 많은 사람이 이 세상을 떠나는 것도 봤습니다. 제 또래 친구도 죽더군요. 뉴스를 볼 땐 늘 마음이 찢어져요. 많은 사람이 차별과 부조리를 겪고 사회와 다른 이들에게 마음의 문을 닫고 있죠. 이별의 아픔이 어떻게 작동하는지 마음속 깊이 이해하고 싶었습니다. 그래서 이 책이 나왔어요.

저에게도 많은 이별이 있었습니다. 14년간 병마와 싸웠던 아버지. 그렇게 아프다가 제 손을 잡은 채 돌아가신 아버지와의 이별. 끝이 좋지 않았던 연애와 사랑. 연락이 끊긴 친구들. 다시 만나고 싶은 사람들. 2012년 파혼.

파혼에 대해선 과거에 여러 번 썼기 때문에 간략하게 줄이겠습니다. 한 여자를 사랑했어요. 행복하게 여러 해를 보냈습니다. 무릎 꿇고 프러포즈를 했고 그녀는 승낙했죠. 얼마 뒤 그녀가 시카고로 이사 가게 되었고, 저는 뉴욕에 머물렀죠. 서로 먼 거리를 오가며 관계를 이어갔습니다.

어느 날 그녀는 자기가 뉴욕에서의 삶, 저와 함께하는 삶으로 돌아가고 싶지 않다는 걸 깨달았어요. 왜 그랬을까? 우리는 항상 묻죠. 왜 그렇게 된 걸까? 어떻게 하면 결과를 바꿀 수 있었을까? 그녀가 왜 파혼을 선택했는지 아직도 정확한 이유를 몰라요. 이제는 몰라도 괜찮고요. 시간이 지났고, 상처는 아물고, 다시 사랑할 수 있으니까요.

파혼 후 한 달이 지나고 직장을 잃었습니다. 직장을 잃은 것이 이별의 아픔은 아니었지만, 자존심이 상당히 상했죠. (후에 저는 시민운동 단체에서 일을 시작했어요. 그러면서 명상이 사회와 인간관계에서 어떻게 활용될 수 있는지를 터득하며 수행 관련 책을 쓰고 명상 가르치는 일을 이어갔어요. 이런 경험들을 쌓은 뒤 저는 '컴패셔네이트 리더십'(Compassionate Leadership)이란 비영리 단체를 세웠습니다. 이별의 아픔이 발전해서 비영리 단체 설립으로까지 이어졌으니 그 아픔도 이제는 자랑스럽습니다.)

직장을 잃은 지 한 달 후, 2012년 7월 13일, 당시 스물아홉 살이던 절친 알렉스(Alex)가 사무실 책상에서 가슴 통증을 호소하다 심장마비로 쓰러졌어요. 알렉스는 쓰러진 직후 곧장 세상을 떠났죠. 덕분에 심장마비란 단어에 대해 잘 알게 되었어요. 의사들이 사람이 왜 죽었는지 전혀 모를 때 사용하는 용어가 심장마비더군요. 알렉스는 왜 죽었을까요? 모르겠어요, 심장이 어느 날 그냥 멈췄어요. 또 왜라는 질문을 하게 되네요. 알렉스는 대학 친구였어요. 가장 친한 친구였고, 좋은 시절이든 나쁜 시절이든 함께였죠. 항상 저를 충실하게 지지해준 사람이었고, 함께 수행해가던 진정한 도반이었어요. 아직도 알렉스를 생각하면 마음이 너무 아픕니다. 아직도 매일 알렉스가 떠올라요.

알렉스가 떠난 후 몇 주는 샤워를 할 때마다 눈물이 멈추질 않더군요. 울면서 하루가 시작되었죠. 그래서인지 지금도 샤워할 때면 가끔 알렉스가 생각나요. 참 많은 추억을 지닌 친구예요. 같이 불렛 버번(Bulleit Bourbon)을 많이 마셨어요. 아직도 불렛 버번을 마실 때마다 알렉스를 기리며 혼자 건배하곤 해요. ABC 카펫 앤 홈 창가에 앉아 이 글을 쓰면서도 눈물이 나네요. 수백 명의 사람이 제 앞을 지나가고 있는데도 눈물을 멈출 수가 없네요. 알렉스는 너무 소중한 친구여서 이별의 아픔도 너무 큽니다.

  파혼과 알렉스의 죽음을 겪으며 깨달은 것이 있습니다. 어떤 이별의 아픔은 시간이 지나면 사라지지만, 어떤 이별의 아픔은 나의 일부가 되어요. 시간이 지나면서 변하고 달라지지만, 그 아픔은 여전히 나의 일부죠.

인생이 괴로움이란 사실을
받아들일 수 있다면

참 고약한 분이시군요! 삶이 괴로움이란 말을 듣고 싶으시다니. 농담입니다. 그래도 정확하게 말씀드리면, 괴로움은 물질 세상의 본질입니다. 불교에선 괴로움의 전 과정을 삼사라(Samsara)라고 부릅니다. 삼사라는 '굴러가는 수레'라는 의미이지요. 불교에선 수많은 생에 걸쳐서 우리가 고통받는다고 합니다(여러 생을 거치는 윤회를 믿지 않는 불교 수행자들도 있습니다. 그렇지만 그들도 우리가 지금 현재의 삶에서 끊임없이 고통받고 있다고 말합니다).

대학교 1학년 시절, 매우 선명하게 기억되는 순간이 있습니다. 불교 입문 강의에서였습니다. 훌륭한 불교학 학자인 잔 윌리스(Jan Willis) 교수가 강당을 헤집고 다니며 외쳤습니다. "두카(Dukkha)! 삶은 괴로움이다! 불만족이 있다! 고통은 존재한다! Dukkha란 단어를 번역하는 방법은 많지만, 어떻게 번역하든 괴로움은 우리의 현실입니다."

붓다는 성스러운 네 가지 진리를 설했습니다.

성스러운 네 가지 진리 중 첫 번째가 '괴로움'이란 진리입니다. 붓다는 괴로움을 세 가지의 괴로움으로 나누어 자세히 설명합니다.

- 고통에서 오는 괴로움
- 변화에서 오는 괴로움
- 모든 곳에 만연한 괴로움

'고통에서 오는 괴로움'은 우리가 인간이기에 직면하는 모든 문제를 포괄합니다. 태어나서 늙고 병에 걸리고 죽는 것은 괴로움입니다. 아기가 태어나는 출생 과정을 생각해보세요. 엄마도 아이도 출생 과정에서 고통을 피할 수 없습니다. 지켜보는 가족들도 애가 타고 힘들죠. 엄마 뱃속을 떠나 세상에 태어나는 아기는 무척 혼란스럽고, 적응한다고 애를 써야 하죠. 삶은 시작부터 고통을 동반합니다. 우리는 나이를 먹으면서도 여러 고통을 마주하게 됩니다. 사춘기가 오며 몸이 겪는 익숙지 않은 고통부터 늙은 육체에서 오는 고통까지. 이런 괴로움은 죽는 순간까지 다양한 형태로 계속됩니다. 감기와 같은 흔한 질병부터 무시무시한 암까지. '고통에서 오는 괴로움'은 삶 속에서 끊임이 없습니다. 그리고 끝내 우리는 죽습니다. 모든 것이 끝이 나는 거죠.

당신은 이렇게 생각할지도 몰라요. "누가 고통이 괴로운지 모르나요? 부처와 함께 있으면 정말 지루했을 것 같네요." 부처님이 지루한 사람이었는지 유쾌한 사람이었는지 알 순 없지만, 그는 진실을 설했습니다. 고통을 동반하는 삶을 부정할 수 있나요? '고통에서 오는 괴로움'은 우리 삶의 기본 전제입니다.

'변화에서 오는 괴로움'은 인생의 즐거운 순간조차 일시적이라는 진실을 말합니다. 모든 것이 일시적이라고 삶을 즐길 필요가 없다는 말은 아닙니다. 갓 시작한 새로운 인연과 함께하는 빛나는 순간에는 행복을 만끽하면 됩니다. 다만 우리의 삶이 항상 즐거울 거라고 기대해선 안 되겠죠. 관계는 변합니다. 사람들은 변합니다. 모든 것이 변합니다.

'모든 곳에 만연한 괴로움'은 우리가 이 모든 변하는 조건들 속에서 변하지 않는 행복을 찾으려고 끊임없이 노력하고 있음을 가리킵니다. 우리는 끊임없이 영구적으로 안정적인 존재가 되고자 노력하죠. 현실은 질병과 죽음, 종잡을 수 없이 수많은 변화로 가득 차 있는데 말이죠. 가혹한 현실 속에서 안정적이고 영구적인 것에 집착하는 것은 비현실적이죠. 불안정한 현실에 불안정한 노력을 덧댄다고 안정이 찾아올 리 만무하죠. 최선을 다한다고 될 일이 아닙니다.

현실을 직시해봅시다. 산다는 건 가슴 아픈 일투성이입니다. 사랑하는 사람이 병원에 누워서 죽어갈 때? 가슴 아픕니다. 연인과의 관계가 변하고 원하지 않는 방향으로 흘러갈 때? 가슴 아픕니다. 나에게 행복을 주던 고양이가 떠나갈 때? 가슴 아픕니다. 이 모든 가슴 아픈 일이 삶을 이루고 있습니다.

인생은 가슴 아픈 일입니다. 슬프지만 그건 사실이죠. 가슴 아프고 괴로운 것은 한 번 극복한다고 해결되는 문제가 아닙니다. 괴로움은 우리가 살아가는 동안 수없이 다양한 형태로 찾아옵니다. 괴로움을 피할 수 있다고 생각하는 것 자체가 어리석은 것이죠.

두 번째 성스러운 진리는 우리가 어리석음과 갈애渴愛 때문에 괴롭다는 것입니다. 불교적 맥락에서 '어리석음'은 내가 점점 나아질 거라는 착각을 의미합니다. 변화와 늙음, 영원하지 않음이라는 현실을 자각하지 못하고 망각하는 것이 어리석음입니다. 갈애는 절대로 변하지 않을 안정적인 행복한 장소 혹은 대상을 찾고자 하는 마음입니다. 완전히 비현실적인 마음이지요. 현실을 받아들이지 못하고 비현실적인 기대를 품고 살아가기에 괴롭고 가슴 아픈 일 투성이일 수밖에 없는 것이죠.

세 번째 성스러운 진리는 희소식입니다! 괴로움은 멈출

수 있다는 것이 세 번째 성스러운 진리입니다. 우리는 마음과 인생의 다양한 측면을 탐구하고 경험함으로써 어리석음과 갈애를 극복할 수 있습니다. 가슴 아플 수밖에 없는 삶을 최선을 다해 탐구하고, 이해하고, 경험해간다면 결국 괴롭고 가슴 아파도 괜찮다는 결론에 도달합니다. 삶은 괴롭지만, 괴로워도 괜찮습니다. 괴로움도 영원하지는 않으니까요.

부처님이 설한 네 번째 성스러운 진리는 괴로움을 극복할 수 있는 길, 방법이 있다는 것입니다. 이것은 팔정도(八正道; 여덟 가지 바른 길)와 그가 설한 다른 모든 가르침을 포함합니다. 부처님은 매우 능숙하고 숙련된 분이셨습니다. 저는 그분이 함께 어울리기에 무척 유쾌한 사람이었다고 확신합니다. 부처님의 가르침에 대해 호기심이 생기신다면 깊게 탐구해보시길 강력히 추천합니다! 부처님의 가르침을 배울 수 있는 수많은 책과 불교 센터들이 세상엔 정말 많습니다.

이 책의 목적은 현재 당신이 겪고 있는 가슴 아픈 일, 이별의 괴로움을 해결하는 것입니다. 이 책에서 소개되는 다양한 마음챙김 수행법과 조언들은 주로 불교 전통에 기반을 두고 있습니다. 두 가지를 기억해주세요. 1) 이 책에 소개되는 내용보다 불교의 가르침은 훨씬 방대하다. 2) 괴롭고 가슴 아픈 일은 인생에서 계속해서 일어날 것이다. 삼사라(Samsara)의 본질 자체가 괴로움이다.

무상無常에 대한 고찰

스즈키 순류 선사에게 어느 학생이 불교의 가르침을 한마디로 요약해달라고 부탁했습니다. 선사는 고개를 들고 단호하게 말했습니다. "모든 것은 변합니다."[7] 이렇게만 말하고 그는 다음 주제로 넘어갔어요.

무상의 좋은 점

당신이 느끼는 이 아픔, 지금처럼 항상 이어지진 않을 거예요. 약속할게요. 변하고 바뀔 겁니다. 아마 크게 가라앉을 거예요. 이별 인터뷰에서 아버지의 죽음으로 심한 상실감을 겪었던 한 여성을 만났어요. "아픔은 변할 거예요, 나도 알아요." 그녀가 말했습니다. "시간이 도와줄 거예요." 우리 모두 이 말을 들어본 적이 있죠, 그렇죠? 시간이 모든 상처를 치유한다는 말을 한 번쯤 들어봤을 거예요. 오래된 이 말을 반복하진 않을게요.

　인생의 중요한 사랑(가족, 연인, 친구)을 잃은 경험에서 발견한 것이 있어요. 그것은 시간은 우리의 상처를 변화시킨다는 것입니다. 어떤 것들은 완전히 치유되기도 하죠. 치유되지 않는 것들도 있죠. 매일 혹은 매주 그 상처에 대해 "이제는 그만 아물었으면 좋겠다"라고 생각하지만 아물지 않는 상처도 있죠. 하지만 우리는 그 상처에 대해 생각할 때마다 절망하진 않아요. 결국에는 그 상처를 보고 "아, 저 오래된 흉터?", "이혼할 때 생겼었지", "아버지가 돌아가셨을 때 생겼었지", "사랑하는 사람이 바람피웠을 때 생겼었지"라고 생각하며 거의 미소짓게 됩니다. 거의요.

무상의 나쁜 점

스즈키 순류 선사는 이렇게도 말했습니다. "인생은 바다에서 침몰하게 될 배를 타는 것과 같다."[8] 삶의 모든 것이 변합니다. 관계들도 마찬가지예요. 유감이지만 모든 것이 변한다는 건 진실입니다.

　불교도들이 모든 것이 변한다고 말하는 것은 마치 물이 젖어 있다고 말하는 것과 같아요. 그것은 단순한 사실입니다. 동의하지 않으신다면 변하지 않는 무언가를 찾아보세요. 단

하나라도 찾을 수 있다면 말이죠! 계절이 변하고, 일상도 변하고, 몸도 변해요. 몸의 세포들도 늘 죽고 생겨나기를 반복해서 우리 몸은 사실 7년마다 완전히 새로 대체된다고 합니다. 7년마다 이전의 존재와는 완전히 다른 새로운 존재가 되는 것이죠.

우리는 모든 것이 매일매일 변화하고 있다는 것을 알고 있어요. '나'는 몇 년 전보다 더 많은 것을 알고 있고, 새로운 경험을 했고, 이전에는 없었던 새로운 독특한 특징들을 가지게 되었죠. '내'가 변하지 않는 어떤 존재라고 여기는 것은 오류입니다.

우리가 엉망일 수밖에 없는 이유가 여기 있습니다. 우리는 끊임없이 변하는 자신을 또 다른 변화하는 누군가와 짝지어 로맨틱한 관계를 맺습니다. 그리고 그 관계도 끊임없이 변하죠. 나, 상대, 상대와의 관계 이 세 가지 모두가 항상 변하고 있는데, 이것들이 영원하고 안정적인 방식으로 결합할 거로 기대하죠. 변화무쌍함을 세 배로 곱하고 있으면서 그곳에서 변하지 않는 영원한 행복을 찾고 있는 격입니다. 시간이 지남에 따라 모든 것이 변합니다. 그런데 사람들은 진정한 사랑을 만나 영원한 행복이란 결말을 맞이할 수 있을 거로 착각하죠. 우리는 정말 어리석은지도 모릅니다.

대부분의 관계가 아래 중 하나로 끝이 납니다.

- 이별
- 이혼
- 죽음

로맨틱한 관계만 무상한 것은 아닙니다. 무상함은 친구, 가족, 애완동물과의 관계에도 모두 적용됩니다. 다른 존재와 관계를 맺는 순간, 침몰할 배에 오르게 되는 것이죠. 유감이지만 이것이 진실입니다.

무상의 추한 점

무상한 관계의 끝이 얼마나 괴로운지 압니다. 그래서 기도하겠습니다. 먼저 우리가 정말 많은 아름다운 관계를 맺기를 기도할게요. 그리고 그 관계들을 오랜 세월 소중히 여기기를 기도하겠습니다. 그리고 어느 날 비행기에서 아무 연락도 할 수 없는 상황에서 우리 모두 아주 빠르고 고통 없이 죽게 되길 기도할게요. 우리가 사랑했던 사람들도 각자 다른 비행기에서 동시에 죽기를 기도할게요. 서로의 죽음을 몰라야 고통스럽지 않을 테니까요. 서로가 죽고 있다는 아픔을 알지 못하고, 내가 사랑한 이들도 내가 죽었다는 사실을 모른 채로 죽으니 괴롭지 않겠죠? 우리가 가진 무상이란 유일한 선택지를 고려했을 때 이것이 최선이네요.

 무상의 나쁜 점과 추한 점만 보면 삶은 유감스러울 수밖에 없습니다. 무상의 좋은 점을 곱씹어 보는 것이 어떨까요?

영원히 나아질 것 같지 않다면

실비아(Sylvia)는 제가 ABC 카펫 앤 홈(ABC Carpet & Home)에서 지낼 때 찾아왔습니다. 그녀는 연인과의 마지막 이별에 관해 이야기했고, 그 이야기는 무너져내린 그녀의 모든 과거 연인관계와 필연적으로 연결되어 있었습니다. 저는 그녀의 말에 온 주의를 기울였습니다.

"이게 조언을 얻을 수 있는 일이 아니란 건 알아요. 하지만 꼭 물어봐야 할 것 같아요. 저, 나아질 수 있을까요?" 아무 말 없이 잠자코만 있는 저를 보며 그녀는 이렇게 이어갔습니다. "알아요. 나는 괜찮을 거예요. 나는 강해요. 해야 할 일이 많아요." 그녀를 격려하고 위로하고 싶었지만 아무 말도 하지 않았습니다.

실비아, 당신의 물음에 대한 답을 여기서 드릴게요.

네, 나아질 겁니다. 이 책을 쓰며 만났던, 이별을 겪고 있는 사람들이 하나같이 나아질 거라고 말했어요. 어떤 사람은 이렇게 말했어요, "이별 후에는 맨 밑바닥으로 떨어지죠. 그래서 올라갈 일만 남게 되죠." 또 다른 사람은 이렇게 말했어요, "연인이 있든 없든 관계없이 삶이 꽤 괜찮을 거란 걸 깨달았어요. 내 삶이 괜찮아지고, 내가 온전한 사람이 되는 것은 오롯이 내 몫이에요."

만약 당신이 강렬한 이별의 시련을 겪고 있거나, 끊임없는 이별의 굴레 속에서 실비아처럼 상처를 품고 있다면, 제 말을 들어주세요.

당신이 치유될 거라고, 괜찮아질 거라고 믿어 의심치 않습니다. 정말로요. 당신 안에는 자신을 치유할 모든 것이 이미 갖추어져 있어요. 오늘은 그렇게 느껴지지 않을 수 있지만 실제로 당신은 이미 온전한 사람입니다. 단지 그 사실을 자각하기만 하면 됩니다.

네 가지 질문

이별 인터뷰에서 만난 사람들과 대화할 때, 항상 네 가지 질문을 했습니다. 첫 번째 질문만 가지고도 20분 동안 대화가 이어졌죠. 어떨 땐 미팅이 끝날 때까지 두 번째 질문까지밖에 못하기도 했습니다. 두 질문만으로도 그들은 이별에 대해 머리로만 생각하는 것을 넘어섰습니다. 그리고 그것만으로도 이별을 통해 그들이 지금 어떤 경험을 하고 있는지 핵심까지 들어가는 데 충분했습니다. 많은 사람이 내적 응어리를 해소할 수 있는 시간을 가질 수 있었죠. 솔직하게 모든 것을 말할 기회를 주고 이야기를 오롯이 들어주면 사람들은 큰 격려 없이도 자신의 이별 경험에 대한 깊은 생각과 지혜를 나누어주었습니다.

제가 이별 인터뷰에서 활용했던 네 가지 질문으로 깊이 있게 생각해보는 시간을 가져보세요. 펜과 종이를 준비하거나 컴퓨터를 켜거나 원하신다면 그냥 큰소리로 이 질문들에 대한 답을 말해보세요.

첫 번째 질문에 대한 답은 다른 답들보다 조금 더 시간을 들이시는 게 좋을 수 있어요. 원하시는 만큼 자신의 이야기를 최대한 풀어서 말해보세요. 나의 이야기를 명확히 하고 스스로 알아주는 것은 큰 도움이 됩니다. 답을 다른 사람에게 보여줄 필요는 없습니다. 웬만하면 누구에게도 보여주지 않는 것이 더 좋을 거예요. 아무에게도 보여주지 않아야 자신을 위해서만 글을 쓰거나 말하게 되겠죠? 다른 사람에게 어떻게 들릴지 걱정할 필요가 없어야 가장 솔직한 답을 할 수 있어요.

첫 번째 질문에 답한 후, 펜을 내려놓으세요. 노트북을 닫아버리거나, 말하기를 멈추세요. 그리고 바르게 앉으세요. 눈을 반쯤 뜨고 지평선을 바라보세요. 그리고 잠시 마음을 편안하게 하세요. 그리고 두 번째 질문에 대해 생각해봅니다. 이 과정을 세 번째, 네 번째 질문에 대해서도 반복합니다.

1. 이별 때문에 가슴 아팠던 경험을 말해주세요.
2. 그 모든 과정을 겪고 지금은 어떤 기분인가요?
3. 상심을 겪는 와중에 스스로를 어떻게 보살펴야 할까요?
4. 오늘 자기 자신을 보살피기 위해 할 수 있는 것 한 가지를 말해주세요.

자신을 돌봐야 하는 이유

어느 날 한 남자가 평소처럼 일터에 가기 위해 길을 걷고 있었어요. 문득 남자는 자신의 앞에 포악한 호랑이가 서 있음을 깨달았죠. 남자는 순식간에 몸을 돌려서 젖먹던 힘까지 달렸어요. 호랑이가 바짝 따라잡기 직전에 그는 벼랑으로 이어진 덩굴을 발견했죠. 그는 덩굴을 잡고 벼랑 너머로 몸을 휙 던졌어요. 다행히 덩굴이 버텨주어 잠시 안전할 수 있었죠.

남자는 벼랑 밑 땅으로 내려갈 수 있는지 살펴봤지만, 이 무슨 불행인지, 아래에는 또 다른 호랑이가 그를 노려보고 있었어요. 그는 다시 절벽 위를 살펴봤어요. 자신을 따라오던 호랑이가 여전히 거기 있었죠. 엎친 데 덮친 격으로 작은 쥐 한 마리가 그가 붙잡고 있는 덩굴을 갉아 먹고 있었어요.

상황의 심각성을 알아차렸을 때, 남자는 무언가 반짝이는 빨간 것을 시선의 끝에서 발견합니다. 손만 뻗으면 닿는 곳에 딸기가 달려 있었죠. 남자는 한 손을 뻗어 딸기를 따서 맛보았습니다. 그 딸기는 그가 먹어본 것 중 가장 맛있는 딸기였어요.

이게 이 이야기의 끝입니다.

우리는 마음이 아플 때 삶이 주는 단순한 행복과 그것에 대한 감사를 잊곤 해요. 여러 큰 문제에 직면해 있더라도 작은 행복을 놓치지 마세요. 예컨대 극심한 질병과 심각한 이별이 동시에 일어난 상황에서도 손을 뻗어 따먹을 수 있는 작은 딸기가 있는지 잘 생각해보세요.

여기서 말하는 딸기는 말 그대로 딸기일 수도 있어요. 딸기는 정말 맛있으니까요. 여기서 말하는 딸기가 진짜 달콤한 실제 딸기가 아니라면, 그건 자기 자신을 돌보는 다른 방법을 의미하는 것일 수도 있겠죠? 헬스장에 가서 운동하기, 공원에 앉아 편히 쉬기, 요가 하기, 개와 함께 여유롭게 산책하기, 유치하지만 재밌는 읽을거리 읽기 등(저는 개인적으로 만화책을 좋아해요).

상심과 아픔의 한가운데에서도 작게나마 자신을 대접하세요. 나를 돌보는 행동들은 쉽게 할 수 있고 재밌는 일이지만 무리해서 에너지를 소진하는 행동과는 달라요. 예를 들면 술을 심하게 마신다거나, 약을 남용한다거나, 무의미한 가벼운 만남을 추구하는 행동들은 자기 자신을 돌보는 행동은 아니에요. 이별의 괴로움을 겪는 동안 자신을 돌봐야하는 상황에 부닥쳤을 때 많은 사람이 하지 말아야 할 일을 해버리곤 하죠. 마음의 준비가 안 된 상태로 새로운 관계에 무턱대고 뛰어들기도 하고, 식사 때마다 폭식하기도 하죠. 그러다가 몸과 마음이 임계치에 다다라서야 비로소 회복에 도움이 되는 일을 시작해요. 자신을 더 괴롭게 하고 지치게 하는 활동은 생략하고 바로 자기 돌봄 단계부터 시작하시길 조언드립니다.

자신을 돌보는 다양한 방법을 실천해보세요. 만약 무언가 특별히 도움이 된다고 느껴진다면 그 활동을 일상에 꼭 포함하세요. 예를 들어 달리기를 좋아한다면, 꼭 달리기를 일상의 한 부분으로 초대하세요. 그렇게 한다면 아무리 가슴 아픈 하루를 보내고 있더라도 적어도 잠시나마 괴로움 속에서 빠져나와 자신을 돌볼 수 있을 거예요.

자신을 돌보는 네 가지 방법

오랜 세월, 티베트 산속 깊이 있는 사찰에서만 비밀스럽게 전해지던 가르침들이 있었습니다. 이 가르침들은 티베트 불교의 위대한 스승님들이 서양으로 건너가면서 자연스럽게 서구사회로 전해졌고, 오늘날엔 '네 가지 환희'라는 이름으로 알려지게 되었죠. 이 네 가지를 하루에 모두 실천할 수 있다면 기운이 북돋고 늘 새로운 에너지를 느낄 수 있다고 해요. 이 네 가지 비밀스러운 가르침은 다음과 같습니다.

- 잘 먹기
- 잘 자기
- 명상하기
- 운동하기

이렇게나 단순한 것들이 왜 그토록 오랜 시간 비밀로 전해

졌는지 참으로 흥미롭습니다. 이것들이 좋은 건 모두가 알고 있는 것이죠. 하지만, 하루에 이 네 가지 모두를 실천해보신 적이 얼마나 되나요?

잘 먹기

상심이 너무 커서 식욕이 없다면 '식음을 전폐하고 있다면' 장을 참고하세요. 잘 먹는다는 것은 그저 아무거나 그냥 먹는 것을 의미하지 않습니다. 많은 사람이 마음이 뻥 뚫린 기분이 들 때 과식을 합니다. 쿠키 한 통을 통째로 해치워버리기도 하고, 영양가 없는 음식으로 배를 채워버리죠. 저도 이런 실수를 해본 적이 있어요. 잘 먹는다는 것은 영양을 잘 갖춘 음식을 먹는 것입니다. 저도 속이 상할 때는 단백질을 많이 섭취하고, 수프나 샐러드 한두 접시를 먹으려고 꼭 노력해요. 샐러드를 좋아하는 편은 아니지만, 슬픔을 극복하기 위해선 에너지가 필요하고, 영양소를 잘 갖춘 음식이 에너지를 준다는 것은 알고 있으니까요.

잘 자기

이별로 인한 괴로움으로 잠을 못 이룬다면 '잠이 오지 않는다면' 장을 참고하세요. 잘 잔다는 것은 내가 생각하는 것보다 더 충분한 시간 동안 자는 것을 의미합니다. 가슴이 미어질 때 몸은 힘든 과정을 겪고 있고, 휴식이 필요합니다. 전 연인, 상실한 가족, 예전 직장에 대한 생각을 멈출 수만 있다면 괜찮겠죠. 하지만 그렇게 떠오르는 생각을 멈추기는 쉽지 않아요. 깊은 상심은 큰 충격과 무리를 줍니다. 몸은 그것으로부터 회복하기 위해 충분한 수면이 필요합니다.

평소에 7시간을 자더라도 이럴 땐 9시간은 자야 합니다. 밤에 제대로 잠을 이루지 못한다면 낮에 낮잠을 잠시 자는 것도 좋은 방법일 수 있습니다. 밤중에 깨어나면 마음을 편안하게 하고 다시 잠들 수 있도록 한두 장 읽기 좋은 불교 경전이나 다른 영성 관련 책을 침대 옆 탁자나 선반에 두는 것도 추천합니다.

명상하기

아마 눈치채셨겠지만, 저는 명상의 열렬한 팬입니다. 명상이 우리 모두에게 도움이 될 수 있다는 것을 알기 때문이죠. 명상은 우리가 느끼는 모든 괴로움을 수용할 수 있게 해주고, 괴로움을 헤쳐나가는 데 도움을 줍니다. 명상은 몸과 마음을 치유할 수 있도록 해줍니다. 명상은 우리를 더 열린 마음으로 세상에 나서게 해줍니다. '명상이란?' 장을 아직 읽지 않으셨다면, 지금 바로 읽어보세요.

운동하기

심한 상심을 겪을 땐 방석에 앉기 힘들 수도 있습니다. 그저 앉아서 울기만 할 뿐, 숨에 주의를 두지 못하죠. 이럴 때 명상에 이를 수 있도록 도와주는 것 중 하나가 운동입니다. 즐길 수 있는 운동은 저마다 다 다르죠. 저는 달리기를 하거나, 긴 시간 산책을 하거나, 근력 운동을 해요. 당신에게 맞는 운동은 요가, 사이클링, 크로스핏일 수도 있겠죠. 개인적으로 크로스핏은 너무 힘들어서 안 할 거예요. 그렇지만, 당신이 크로스핏이 좋다면 좋은 거죠, 뭐. 당신에게 맞는 운동이 무엇이든, 일과 중에 꼭 운동을 포함하면 좋겠어요.

우리는 자신을 돌봐야 합니다. 자신을 스스로 돌보는 가장 훌륭하고 구체적인 방법이 바로 이 네 가지 활동입니다. 이 네 가지 활동을 하루에 모두 실천하면 어느 때보다 자신다움이 확고해지고, 어느 때보다 쉽게 슬픔을 극복하는 일에 몰두할 수 있을 거예요.

아무도 포기하지 않기

"이게 무슨 말도 안 되는 소리야." 이 장의 제목을 읽고서 이런 생각이 들 수도 있겠네요. "전 남자친구는 바람둥이에 거짓말쟁이야. 나는 반드시 포기해야만 해…. 지금은 비록 5분마다 생각나지만 언젠간 완전히 잊을 거야."

확실히 해두겠습니다. 때때로 삶에서 누군가를 제외해야 할 때가 있습니다. 아래의 목록이 그런 사람들이겠죠.

- 나를 상처 입힌 연인
- 가족을 학대하는 가족 구성원
- 자기중심적인 친구
- 모든 대화를 자신의 이익을 위해 사용하는 동료
- 공동체에 큰 실망과 충격을 준 리더

내 삶을 반복적으로 수렁으로 빠뜨리는 사람과의 관계를

끝내야 하는 건 너무나 당연합니다. 단, 여기서 확실히 해야 할 것이 있죠. 누군가와 연락을 끊는 것과 그 존재에 대한 연민을 완전히 포기하는 것은 확실한 차이가 있습니다. 이별로 인한 괴로운 마음은 때로는 한 사람을 사랑하는 동시에 그 사람이 몹시 밉기도 한 매우 혼란스러운 마음입니다. 바로 이 모순 때문에 감정이 혼란스러워지죠.

내가 누군가에게 상처받았다고 해서 그 사람이 더는 행복할 자격이 없거나 그 사람의 삶이 더 나아져선 안 되는 것이 아닙니다. 저는 모든 사람이 기본적으로 선하다고 굳게 믿고 있어요. 석가모니 부처님이 좋은 예시예요. 부처님은 어릴 때부터 모든 것을 다 갖추고 자랐고, 영적인 목표를 위해 자신을 괴롭혔고, 마침내 평온을 찾기 위해 외부 대상을 추구할 필요가 없다는 것을 깨달았죠. 평온은 원래부터 자신 안에 있었던 것이죠. 이런 뜻에서 부처님은 '여래如來' 또는 '깨달은 자'라고 불립니다. 부처님은 자신에게 본래 갖추어진 평화와 선善을 깨달았습니다. 우리 모두에게 본래 갖추어진 선善과 평화를 깨달았다는 점에서 부처님은 좋은 롤모델입니다.

우리 모두 본래 온전하다는 점은 몇 번 강조해도 부족하지 않습니다. 우리는 근본적으로 선합니다. 우리는 근본적으로 완전하고, 존재 자체로 가치 있고, 존중받아 마땅하며, 온

전합니다. 이것이 우리의 본질이죠. 불교에서 배운 가르침과 살면서 만나온 사람들을 보면서 이 점에 대해 확신하게 되었습니다. 당신도 모두와 마찬가지로 온전한 존재일 거라고 확신합니다. 가끔 혼란스러울 때도 있지만, 그런 마음이나 행위들이 당신의 온전한 본성을 부정하지는 못합니다.

캐롤라이나 북부에서 북투어 중에 정말 멋진 부부에게 초대받은 적이 있어요. 처음 알게 된 분들이었지만, 머물 곳을 제공해주시고 행사장까지 직접 태워다주시기도 했죠. 이동하는 동안 많은 대화를 나눴어요. 정말 예의 바른 분들이었죠.

그날 밤, 부부는 저에게 질문을 하나 했습니다. 북투어 중에 꽤 자주 받는 질문이었죠. "부처님이 지녔던 선함을 모든 사람이 가진 게 맞나요? 히틀러도 본래 선한 사람이었을까요? 찰스 맨슨도 본래 선한 사람이었을까요? 세상에는 정말 나쁜 짓을 하는 사람들이 많은데요!" 저는 평소와 같이 대답했습니다. "사람들은 혼란스러울 뿐이에요. 그들이 혼란스럽고, 어리석고, 괴롭다고 해서 그들이 본래 선하지 않다는 뜻은 아니에요. 부정적인 여러 충위가 있다고 해도, 본질에서 그들은 선합니다. 그래서 우리 모두 그들 자신이 선을 행할 수 있음을 깨닫도록, 공간과 여유를 만들어주고, 연민을 가져야 해요. 그 누구도 포기해서는 안 됩니다."

이별 후엔 전 애인이 미친 사람이라거나, 형편없는 인간이라고 여겨질 수도 있어요. 설령 그것이 사실이라 하더라도 그 사람의 본질이 악한 것은 아니에요. 그는 여전히 본래의 선함을 지녔지만, 그것과 연결되어 있지 않거나 선함을 올바르게 행동으로 옮기는 방법을 모를 뿐이에요. 그는 단지 자신의 불안과 고통에 더 강하게 연결되어 있을 뿐입니다. 얼마나 슬픈 일인가요? 이런 인식을 바탕으로 언제든지 타인의 상황을 슬피 여기고, 연민을 느낄 수 있다면 얼마나 좋을까요? 무척 어려운 일이지만 말이에요.

그날 밤 강연을 마치고 집으로 돌아가는 길에 아내분은 매우 조용했어요. 그러다 마침내 어렵게 이야기를 꺼내기 시작했죠. 부부가 재혼했을 때, 아내분과 남편분 모두 이전 결혼 생활에서 낳은 자녀들이 있었어요. 그중 한 명은 아주 쾌활한 친구였죠. 안타깝게도 그는 잘못된 무리와 어울리게 되었죠. 마약에도 손을 댔어요. 어느 날, 그 무리는 마약에 취한 채로 한 어린이를 무참하게 폭행하다가 결국 살해했어요. 누구보다 착하고 상냥한 아내분은 자신이 살인자를 키웠다는 사실을 믿을 수 없었죠.

그렇게 의붓아들이 감옥에 들어간 후, 그녀는 한동안 면회 갈 용기가 나지 않았어요. 한참 시간이 지나서야 용기를 내어 의붓아들을 보러 갈 수 있었습니다. 면회에서 만난 의붓아들의 마음은 차갑게 닫혀 있었죠. 그렇지만 그녀는 인내심을 가지고 마음을 열고 의붓아들에게 다가갔습니다. 자주 그를 방문했어요. 어느 날 면회를 갔을 때 의붓아들이 반려견의 안부를 물었습니다. 그날 엄마와 아들은 반려견을 향한 공통된 사랑을 오랜 시간 공유했습니다. 그 후 얼마 지나지 않아 아들은 미술용품을 가져다 달라고 부탁했고, 미술용품을 가져다준 지 얼마 지나지 않아 아들은 몇 년 만에 다시 그림을 그리기 시작했습니다. 그는 부드러워졌고 다시금 따뜻해졌습니다. 엄마는 자신이 키우며 봤던 아들의 모습을 되찾을 수 있었어요. 그리고 그는 자신이 한 일에 대해 깊이 후회하고 있었죠.

그녀는 말했어요. "사람이 본래 선하다는 걸 믿지 못하게 된 순간이 있었어요. 내 아들이 본래 선하다고 믿지 않았던 순간이 있었어요." 그럼에도 그녀는 사랑과 의리로 의붓아들을 포기하지 않았습니다. 인내했고, 의붓아들을 계속 찾아가 끊임없이 사랑을 줬죠. 결국, 아들은 마음의 벽을 허물고 자신의 본래 모습을 찾을 수 있었습니다. 그 후로 그녀는 모든 이가 본질에선 선하다는 사실을 의심하지 않았죠. 이 여성으로부터 배울 수 있는 것이 무엇일까요? 제가 얻은 교훈은 누구도 쉽게 저버려서는 안 된다는 것입니다. 누군가 우리를 상처 입히거나 중대한 잘못을 저질렀다 하더라도, 그들은 여전히 상황을 올바르게 변화시킬 수 있습니다.

제가 따르는 샴발라 전통에서는 이런 말을 합니다. "단 한 명의 중생도 포기하지 말라." 제 인생에도 어울리기 힘들고 번거로운 사람들이 존재합니다. 그들은 공격적이고, 뒤에서 남을 자주 헐뜯어요. 제가 그들을 변화시킬 수도 없는 노릇이죠. 그들이 변화하기 위해서는 저보다 더 지혜로운 존재의 도움이 필요할 수도 있고, 아니면 그들 스스로 큰 아픔을 겪고 어떤 자각이 일어나야 할 수도 있겠죠. 그렇다고 해서 제가 그들을 포기한 것은 아닙니다. 자주 연락하지 않을 뿐이죠.

불교에선 어떤 상황에서나 열린 마음으로 존재하는 이들을 보살(bodhisattva)이라고 합니다. '보디(bodhi)'는 '열린' 또는 '깨어 있는'이란 의미를 지닌 산스크리트어입니다. '사트바(sattva)'는 '존재' 또는 '전사'라는 뜻의 산스크리트어이지요. 그래서 보살이란 어떤 일이 생기더라도 마음을 열린 상태로 유지하는 놀라운 용기를 가진 사람을 말합니다. 이런 경지는 모두가 지향할 수 있는 것입니다. 한국의 숭산 선사는 이렇게 말씀하셨어요. "보살이 된다는 것은 오는 사람 막지 않고 가는 사람 잡지 않는 겁니다."[9]

숭산 선사보다는 조금 덜 선禪적입니다만, 이별 인터뷰에서 만난 어떤 분은 이에 대해 정말 적절하게 표현했어요. 그녀는 전 남자친구 이야기를 하고 있었죠. 그녀는 그가 밉지만, 사람으로서 그를 완전히 포기하지 않았다는 이야기를 하고 있었죠. 제 눈을 보며 그녀가 말했습니다. "존중해요. 비록 쓰레기 같은 놈이긴 하지만."

다른 사람 때문에 상처를 받았더라도 그 사람을 포기하지는 마세요. 마음속에선 그 사람을 존중해주세요. 비록 일상에서 만날 일이 없게 된다고 하더라도요. 누구나 변할 수 있다는 희망을 조금이라도 품어보세요. 그 사람의 잘못으로 관계가 회복 불가능한 상태가 되었을지라도, 그 사실 때문에 그 사람이 모두에게 미움받으며 쓸쓸히 혼자 죽어도 되는 것은 아니니까요. 그들은 여전히 자신 안의 선善에 연결되어 좋은 방향으로 변할 수 있습니다.

페마 초드론(Pema Chödrön)은 상심과 괴로움의 늪에 빠진 마음에 대해 많은 저작을 남긴 샴발라 전통의 스님입니다. 그녀가 만든 수행방법 중 하나를 소개할게요. 먼저 내가 감정적으로 어려움을 겪고 있는 사람의 사진을 준비합니다. 그 사진을 집 안에 눈에 띄는 곳에 놓습니다. 처음에는 꽤 불편할 수 있어요. 하지만 상처받은 마음을 치유하는 과정 자체가 우리의 내적 불편함과 함께 있어 주는 것이므로, 불편한 느낌이나 감정이 반드시 나쁜 것만은 아닙니다.

사진 앞을 지나갈 때마다 사진 속 그 사람을 바라보고 말합니다, "당신이 행복하기를…." 이 말이 가슴에 와닿지 않는다면, "당신은 본래 선한 존재입니다."라고 해도 좋아요. 이 문구도 영 와닿지 않는다면, "너는 항상 나쁜 사람은 아니야."라고 문구를 조정해도 괜찮아요. 자신의 감정이 받아들일 수 있는 선에서 시작해도 좋습니다. 단, 어떤 문구를 선택하든 그 문구는 내 상황에 와닿으면서도 대상이 되는 존재가 본질에선 악하지 않다는 사실을 인정하고 있어야 합니다. 하루에도 몇 번씩 사진이 눈에 띌 때마다 선택한 문구를 말해 주세요. 속으로 해도 좋고 입 밖으로 소리 내어도 좋아요. 시간이 지나면서 대상을 향한 내 마음이 부드러워질 거예요.

혼자인 것 같다면

이별의 상심은 우리를 외롭게 합니다. 나만 이 말도 안 되는 괴로움을 겪고 있는 것 같죠.

부처님이 살아계실 적 이야기를 해드릴게요. 키사 고타미라는 여성이 있었습니다. 그녀는 매우 가난한 환경에서 자랐지만, 열심히 살아 결혼도 하고 귀여운 아들도 낳았습니다. 그녀는 정말 행복했어요. 아이는 그녀 인생의 빛이었습니다.

불행히도 그녀의 아들은 어느 날 갑자기 병에 걸려 세상을 떠났습니다. 키사 고타미는 망연자실했습니다. 그녀는 죽은 아들을 담요에 싸서 이곳저곳을 헤매며 아들을 살릴 방법을 찾아다녔습니다. 어떤 약이든, 의사든, 마술사든 죽은 아들을 살려낼 방법이라면 그것이 무엇이든 지푸라기라도 잡는 심정으로 온갖 곳을 헤매다녔죠. 한 사람이 울고 있는 그녀를 보고 만약 누군가 그런 일을 할 수 있다면 그는 아마 부처님일 것이라고 말해주었습니다.

키사 고타미는 부처님이 계시는 수도원으로 달려갔어요. 그녀는 부처님의 가르침을 듣기 위해 모인 군중을 비집고 들어가 부처님 앞에 섰죠. 그녀는 부처님께 죽은 아들을 살릴 수 있는 약을 달라고 간청했습니다. 부처님은 죽은 아이를 한 번 보시더니 키사 고타미에게 약속을 내걸었습니다. 그녀가 사는 마을에서 겨자씨 하나를 가져오면 아이를 살려주겠다고. 하지만 조건이 있었습니다. 그 겨자씨는 죽은 자가 한 명도 나오지 않은 집에서 받아와야 했습니다.

그녀는 기뻐서 마을로 달려갔습니다. 가장 먼저 보이는 집의 문을 두들겨 자초지종을 설명하고 아들을 구하기 위한 겨자씨를 달라고 부탁했습니다. 문을 연 여성은 그녀를 기꺼이 도와주려고 했습니다. 기쁜 마음으로 키사 고타미가 물었어요, "확인해야 할 게 있어요. 이 가정에서 최근에 돌아가신 분이 계신가요?" 그러자 그 여성은 눈물을 흘리기 시작했습니다. 남편이 반년 전에 죽어서 아직도 슬픔이 가시지 않은 상태라며 흐느꼈죠. 키사 고타미는 위로의 말을 전하고 다음 집을 찾아 나섰습니다.

그녀는 옆집 문을 두드렸고, 이번엔 젊은 여성이 문을 열어주었습니다. 키사 고타미는 겨자씨를 달라고 부탁한 후, 가족 중 최근에 돌아가신 분이 있는지 물었습니다. 젊은 여성은 2년 전에 어머니가 돌아가셨으며 그녀의 형제자매 모두 여전히 슬퍼하고 있다고 말했습니다.

 이렇게 키사 고타미는 가족 잃은 슬픔을 겪어본 적이 없는 가족을 찾기 위해 문짝을 두드리며 온 마을을 쏘다녔습니다. 그러나 그녀가 가는 곳마다 사랑하는 사람을 잃은 사람들뿐이었습니다. 그녀가 만나는 사람 모두가 죽은 자의 형제, 이모, 할머니, 자녀들이었습니다. 어느 순간 그녀는 깨달았습니다. 그녀는 혼자가 아니었습니다. 세상을 사는 모든 이들이 그녀와 마찬가지로 사랑하는 사람을 잃은 아픔을 안고 살고 있었어요. 이런 자각이 든 키사 고타미는 정식으로 아들의 장례를 치르고, 부처님이 계시는 수도원으로 돌아갔습니다. 그녀는 머리를 밀고 부처님의 제자가 되었습니다. 비구니가 된 그녀는 평생을 슬픔에 빠진 사람들을 위로하며 살았습니다.

 누군가를 잃었든, 잃지 않았든, 우리는 혼자가 아니에요. 지금 이 순간에도 나와 같은 슬픔을 지닌 다른 사람들이 이 세상을 살고 있습니다. 각자 이야기는 조금씩 다르지만, 그 슬픔은 모두가 공감하고 공유하고 있습니다. 이 사실이 조금이나마 위로가 되길 바랍니다.

아직 끝나지 않은 것 같다면

끝났습니다. 익숙했던 관계는 끝났습니다. 연인이 떠났나요? 사랑했던 사람이 죽었나요? 정든 사람과 멀어졌나요? 내가 알던 그 사람은 이제 없습니다. 그 익숙한 관계도 끝났습니다.

다시 말해, 그 사람과 새로운 관계를 맺게 된 것입니다. 한 관계의 끝이 새로운 관계의 시작이 될 수 있음을 보여주는 흥미로운 이야기가 '여전히 사랑을 줄 수 있다면' 장에 실려 있습니다. 하나의 끝을 맞이함으로써 당신은 변화하고 더 나은 사람이 될 거예요. 작별한 그 사람도 새로운 길로 나아가고 변화할 거예요. 당신이 지닌 사랑도 시간이 지남에 따라 그 형태가 바뀔 겁니다. 그렇다고 해서 마음을 닫고 사랑을 멈춰야 한다는 의미는 아닙니다. 그저 내가 원하는 때 그 사람을 보지 못할 뿐입니다. 사랑하는 사람이 떠나도 사랑은 간직할 수 있습니다.

배신감을 느낀다면

당신과 그 사람은 약속했죠. 구체적으로 적지도 않았고, 말로 나눈 것도 아니지만, 함께 늙어가기를 무언으로 약속했죠. 서로를 지지하고, 힘들 때 서로를 도와주기로 약속했어요. 자, 이제 그 사람이 무슨 짓을 했나 봐요. 그 사람은 당신을 배신했어요.

못된 사람.

그래요, 그 사람이 못된 사람이라고 느끼는 건 괜찮아요. 우리 모두 그런 감정을 알아요. 그리고 그것이 좋은 감정이 아니란 것도 알죠. 좋은 감정이건 좋지 않은 감정이건 당신의 마음에 전적으로 동의합니다. 저는 당신이 사랑했던 사람을 모르지만, 그 사람이 분명 바보 같은 행동을 했겠죠?

재밌는 사실은 저도 예전에 바보 같은 행동을 한 적이 있다는 거예요. 당신도 어리석은 행동을 한 적이 있을 거예요. 지금은 인정하고 싶지 않겠죠. 그렇지만 인생을 살면서 언젠가 한 번쯤 그 사람이 당신에게 한 행동과 비슷한 행동을 했을 수도 있어요.

배신감을 완화할 수 있는 마음챙김 실습을 소개하고 싶어요. 이 실습은 '나처럼'이라고 해요.

배신감을 느끼는 대상을 마음속에 그려보세요. 30초 동안 아무런 판단 없이 그 모습을 떠올려보세요. 마음에 떠올려봐도 좋고 글로 적어봐도 좋아요.

마음속으로 또는 글로 그 대상이 간절히 원하거나 원할 것 같은 일들을 나열해보세요. 그리고 끝에 "나처럼"이라는 마법의 표현을 덧붙이는 거예요. 예를 들어볼게요.

베카는 행복하길 원해, 나처럼.
베카는 사랑과 관심을 바라, 나처럼.
베카는 안정적인 삶을 원하지, 나처럼.

이렇게 되뇌면 그 사람에게 일종의 동정심이 느껴지기 시작할지도 몰라요. 이제 조금 더 어려운 부분으로 넘어가 볼게요.

베카는 종종 거짓말을 해, 나처럼.
베카는 이기적이었어, 나처럼.

베카는 넘어서는 안 되는 선을 넘었어, 나처럼.

우리는 몇 주 동안 이타적으로 살았을 수도 있고, 몇 년 동안 큰 실수나 잘못을 하지 않았을 수도 있어요. 몇 년 동안 부적절한 상황을 만들지 않았을지도 모르죠. 하지만 살면서 단 한 번이라도 이런 일을 한 경험이 있다면 잠시 그 사실을 인정해보세요. 내가 그런 적이 있었다는 사실과 잠시 함께 있어보세요. 사람이라면 했을 실수들을 저질렀던 적이 있을 거예요. 삶의 어떤 순간, 가까운 사람에게 거짓말을 했고, 사랑하는 사람을 기만했고, 누군가에게 무례했었죠. 아끼는 사람을 배신했을 수도 있어요. 나의 잘못 때문에 관계가 틀어진 기억도 있을 거고, 상대가 나를 용서해준 기억도 있을 거예요.

배신감을 준 상대도 나와 마찬가지로 행복해지고 싶고, 괴로움에서 벗어나고 싶은 존재입니다. 이 근본적인 존재의 교집합을 몇 분 동안 사유해보세요. 그리고 나서는 그 근본적인 마음마저도 저 멀리 지평선으로 흘려 보내보세요. 그리고 마음을 편안하게 이완해보세요. 무슨 감정이 올라오든 있는 그대로 알아차려보세요.

이렇게 명상을 한다고 해서 내가 배신당했다는 사실이 부정되는 것은 아닙니다. 우리는 우리가 느끼고 싶은 대로 느낄 권리가 있어요. 이 명상 실습은 내가 그 사람을 한층 더 깊게 이해하는 데 도움을 줄 뿐입니다. 틱낫한 스님은 이렇게 말했어요. "이해는 사랑의 다른 이름입니다. 이해하지 않으면 사랑할 수도 없습니다."[10]

거부당했다면

얼마 전, 명상수업 수강생 중 한 명인 데이비드(David)가 간단한 질문을 보내왔어요. "내가 사랑받을 만하다면, 왜 여성 대부분이 저를 거부할까요?" 이와 비슷한 질문을 전에도 들어본 적이 있어요. "왜 좋은 데이트 상대를 찾을 수 없을까요?"부터 "왜 아무도 진심으로 나를 좋아해주지 않을까요?"에 이르기까지 이런 종류의 질문은 정말 다양합니다. 거부당했다는 느낌은 마치 나 빼고 모든 사람은 다 괜찮은데 내 삶만 완전히 망한 것 같은 착각을 불러일으킵니다.

 명상을 열심히 하면 자신을 잘 알게 되고, 자신과 친한 친구가 될 수 있어요. 결국은 자기 자신을 더 사랑하게 되죠. 자기 자신을 향한 사랑이 튼튼하면, 다른 사람들이 나를 사랑할 가능성이 더 커집니다. 이건 텅 빈 댄스 홀에 입장하는 것과 이미 파티가 한창인 댄스 홀에 입장하는 것의 차이와 같습니다. 하나는 다소 망설임을 느끼게 하고, 다른 하나는 저절로 뛰어들고 싶게 만들죠. 자기 자신과 친구가 되어 자애심을 튼튼하게 하는 것이 아름다운 이유가 여기 있죠. 명상의 효과 중 하나는 자기 의심과 자기 혐오란 표층을 들추어 본래 성품을 드러내는 것입니다. 본래 성품이 드러나면 사랑하는 능력과 사랑받는 능력이 함께 드러나죠. 몇 주 동안 하루에 10분씩만 명상을 해보세요. 이런 효과를 쉽게 경험할 수 있을 겁니다.

당신은 어쩌면 데이비드처럼 자신이 본래 사랑받을 만한 존재라는 것에 의문을 가질 수도 있습니다. "어휴, 명상이나 자애심 따위 필요 없어. 좀 더 흥미로운 걸 말해줘 봐."라고 생각할 수도 있어요. 본래 존재 자체로 사랑받을 만하다면 지금쯤 완벽한 배우자를 찾지 않았을까? 나와 대화하는 모든 이성이 곧장 내 연락처를 원하거나 당장 나에게 달려들어야 하는 거 아닐까? 죄송하지만 세상은 그렇게 작동하지 않습니다.

이별 인터뷰에서 들은 수십 명의 이별 이야기 중 많은 경우가 어떤 방식으로든 거부당한 경험에 대한 것이었습니다. 현재의 연인에게서 어떠한 방식으로든 거부당한 사람, 연인에게 차인 사람, 가족과 소원해진 사람, 오늘날 사회에서 소속감을 전혀 느끼지 못하는 사람도 있었죠. 단지 20분의 경청과 격려 뒤, 그중 많은 이가 "이제 이런 자기 파괴적인 패

턴을 반복하지 말아야겠어요. 저 자신과 더 친해져야겠어요. 또다시 거부당하는 경험을 하기 전에 말이죠."와 같은 자각에 이르렀죠.

내가 가진 습관적인 행동 패턴에서 조금이라도 거리를 둬 보는 것은 이성 관계, 사회생활에서 반복적으로 하는 실수를 예방하는 데 큰 도움이 됩니다.

자애심이 두터워질수록 이성의 전화번호를 얻지 못한 것과 같은 사소한 실패가 나에게 미치는 영향은 미미해집니다.

괜찮을 거예요. 그 사람이 당신을 거부했어도 결국에 당신은 괜찮을 겁니다. 살면서 저를 거부했던 사람들을 떠올리면 이젠 아득한 추억처럼 느껴집니다. 몇 년 전에 거부당했던 기억을 떠올려보세요. 이젠 아득하게 느껴지지 않나요?

모든 사람이 자기 자신을 위해 최선을 다하고 있다는 사실을 기억하는 것도 거부당한 느낌을 극복하는 데 큰 도움이 됩니다. 아무도 "내가 어떻게 하면 더 나아질까? 그래, 나와 가까이 지내는 사람들을 거부하면 더 나아질 거야."라고 생각하지 않습니다. 우리 모두 친절한 사람이 되고 싶지만, 그 과정에서 자기도 모르게 자기중심적이 되곤 합니다. 내가 누군가에게 거부당할 때, 사실 그것은 나와 관련이 없어요. 거부하는 그 사람의 머릿속의 일일 뿐이죠.

우리는 거부당했을 때 그것을 내 탓으로 돌리는 경향이 있습니다. 그 순간뿐만 아니라, 마치 영원히 거부당할 것만 같죠. "나는 항상 이성에게 거부당할 거야."라고 생각하듯이 말이죠. 이런 그릇된 생각은 "나는 존재 자체로 사랑받을 만하진 않아."라는 그릇된 믿음에서 옵니다. 불교적으로 말하자면, 이런 그릇된 생각을 버려야 합니다. 지레 나는 푸대접을 받아 마땅하다든지, 나는 사랑받지 못할 거라든지 하는 부정적인 생각의 속삭임을 끊어내야 합니다. 생각이 만들어내는 허구의 이야기를 버려야만 진정한 사랑을 위한 공간을 마련할 수 있습니다.

자신을 거부하는 사람들에게조차 연민을 느낄 수 있다면 존경받아 마땅합니다. 거부당하는 처지에 놓였을 때 상대에게 어떻게 연민을 느낄 수 있을까요? 나는 항상 외로울 거고, 진정한 사랑을 찾지 못할 거라는 자기 의심을 어떻게 놓아버릴 수 있을까요? 이에 대한 해답을 찾기 위해 저는 많은 명상 스승들에게 명상 외에 무엇을 할 수 있을지 묻곤 했습니다. 그들은 매우 비밀스러우면서도 강력한 가르침을 주었죠. 이제 그 가르침을 당신에게도 전해드립니다.

"명상으로 해결이 되지 않는다면, 명상을 더 많이 해보세요."

다시는 사랑하지 못할 것 같다면

몇 년 전 일이에요. 당시 저는 이별을 겪고 있었어요. 슬픈 마음에 친구 브렛(Brett)에게 전화를 했어요. 브렛은 지혜로운 친구예요. 나는 그녀를 진심으로 사랑했는데 그녀는 내 마음을 무심하게 대했다고 한탄하고 있었죠. "말해줘." 브렛에게 울면서 말했습니다, "내가 다시 사랑할 수 있을 거라고 말해줘. 나중에 다른 여자에게 홀딱 빠져서 그녀와 평생 함께할 거라고."

"다시 사랑할 거야." 그가 말했어요. "한 명일지 평생에 걸쳐서 여러 명일진 모르지만, 네가 다시 사랑할 거라는 건 분명해."

이 말은 그가 할 수 있는 말 중에 가장 너그러운 말이었어요.

다시 사랑하지 못할 것 같다면, lodrorinzler@gmail.com으로 이메일을 보내주세요. 제목은 "I Won't Love Again"으로,

전화번호도 포함해 주세요. 개인 이메일이라 빠르게 수신할 수 있어요. 이메일을 받자마자 당신에게 전화해서 브렛이 한 말을 그대로 당신에게도 해줄게요. "다시 사랑할 수 있을 거야. 분명히." 이 말을 듣는 것만으로도 위로가 될 거예요.

실패자라고 느껴진다면

2012년 11월 22일, 나이 서른에 제가 겪었던 아픔에 대해 자세히 알고 싶다면 '나의 이별 이야기' 장을 확인해 보세요. 요약하자면, 저는 혼란스러웠습니다. 당시의 상심과 슬픔을 위로해줬던 유일한 것은 버락 오바마 대통령 선거 캠페인 현장 조직원으로서 일이 마무리되었다는 사실뿐이었습니다. 오바마는 재선에 성공했고, 모두가 캠페인의 승리를 축하했지만, 달리 보면 그것은 캠페인 스텝들 모두가 평범한 일상으로 돌아가서 새로운 삶을 시작해야 한다는 것을 뜻했죠. 저는 아무것도 준비되어 있지 않았습니다. 약혼녀와는 헤어지고, 정규직 일자리를 잃고, 가장 친한 친구는 죽고. 엎친 데 덮친 격으로 일어난 삼중의 괴로움에서 여전히 헤어나오지 못하고 있었습니다.

아침에 일어나 화장실에 가서 샤워기를 켰습니다. 샤워하는 것조차 너무 힘들다고 느껴졌어요. 실패자 같았습니다.

서른 살, 직업도 없고, 저축도 거의 없고, 파혼당하고, 그 와중에 가장 친한 친구는 갑자기 세상을 떠났죠. 혼자 이기적인 생각을 했습니다. "제기랄, 알렉스. 오늘은 네가 정말 필요했는데, 나를 두고 죽어버리다니." 지금 돌아보면 너무나 자기중심적이었죠. "나는 실패자다"라는 내면의 블랙홀로 뛰어들어 허우적거렸습니다. 아무렇지 않게 샤워를 한다는 것은 아무렇지 않게 하루를 시작한다는 것이고, 아무렇지 않게 하루를 시작한다는 것은 서른이 되는 것을 아무 저항 없이 받아들이는 것만 같았습니다.

그래서 그냥 몇 분 동안 그 자리에 서 있었습니다. 엉엉 울었습니다. 내 삶의 첫 번째 책이 출판된 사실, 그 책을 읽고 도움이 되었다며 건네오는 많은 인사말, 두 번째 책 집필 계약을 이미 맺었다는 사실. 이런 긍정적인 상황들은 하나도 중요하지 않았어요. 오늘 만나기로 한 살아있는 친구들도 하나도 중요하지 않았죠. 나에게 호감을 느끼고 있는 여성도 그 순간엔 마음에 들어오지 않았어요. 내 삶이 실패가 아니라고 할 수 있는 근거들이 들어올 정신적 공간이 없었죠. 잃은 것에만 온통 정신이 갔습니다. 다들 잘하고 있는데 나만 그렇지 않은 것 같았어요. 파혼당해서 사랑에 실패하고 주변 모두가 그 사실을 안다는 것은 특히 괴로웠죠. 한참을 울다가 겨우 정신을 차릴 수 있었습니다. 그제야 겨우 생각이 만들어내는 '실패자 나레이션'을 알아차리고 내려놓았어요. 그렇게 여느 때처럼 샤워하고 하루를 시작했죠.

우리 모두 삶의 어느 시점에서 실패자라고 느낄 때가 있습니다. 연인 관계가 끝날 때 그렇고, 우울한 시기에 친구들과 가족이 굴욕적인 방식으로 동정할 때도 실패자란 생각이 불쑥 올라오곤 합니다. 지금쯤은 사회적으로 더 많은 것을 이루었어야 할 것 같은 불안감도 들죠. 해야 할 일을 계속 미뤄서 이러지도 저러지도 못하는 상황에선 좌절감이 엄습하고요. 상황이 어떻든 실패감은 무척 괴롭습니다.

실패감은 자기에 대한 의심을 고착화하는 사고방식에 뿌리를 두고 있습니다. 저는 평생 불교 공부를 해왔어요. 실패라고 느낄 때마다 불교 수행을 적용해본 경험은 한 가지 간단한 질문으로 요약될 수 있습니다. "나 자신을 믿고 있는가? 그게 아니라면 내 모든 면을 의심하고 있진 않은가?" 여기서 "나 자신"은 영원하고 고정된 '자아'를 의미하는 것이 아닙니다. 여기서 나 자신은 우리의 본질, 우리의 본래의 온전함을 의미합니다. 본래 온전함에 대한 확신이 얼마나 견고하냐에 따라 모든 것이 변합니다. 본래 온전함에 대한 확신이 흔들린다면, 계속해서 자신을 의심하고 다른 사람들과 비교하며 살아갈 수밖에 없습니다. 본래 온전함에 대한 확신이 없다면, 다른 모든 이들은 다 잘만 사는 것 같은데 나만 실패자라는 두려움을 끝내 극복할 수 없습니다.

우리는 아주 어린 시절부터 자신이 있는 그대로는 충분하지 않다고 여기도록 조건화됩니다. 영화, 잡지, 광고, 주변의 모든 매체가 암시적으로 우리는 달라져야 하고 더 나아져야 한다는 생각을 주입하죠. 이런 다양한 형태의 암시가 내면에서 거대한 하나의 목소리로 합쳐져서 소리치죠, "너는 충분하지 않아! 더 많은 게 필요할 거야!"

얼마 전 아내가 지하철에서 끔찍한 장면을 목격했습니다. 다섯 살쯤 되는 어린 소녀가 아버지의 소매를 잡고 지하철 광고판에 걸린 유방 확대 수술 광고를 쳐다보고 있었죠. 광고에는 한 여성을 찍은 두 개의 다른 사진이 있었습니다. 첫 번째 사진에서 여성은 레몬을 들고 매우 슬픈 표정을 하고 있었고, 두 번째 사진에서는 큰 멜론을 들고서 매우 기쁜 표정을 짓고 있었죠. "아빠", 어린 소녀가 천진난만하게 물었습니다. "왜 이 여자는 저 사진에서는 슬퍼 보이고 이 사진에서는 행복해 보일까?" 소녀의 아버지는 능숙하게 그 상황을 대처했습니다. 그는 딸에게 여자가 왜 슬퍼 보이는지 물으며, 광고에 가 있던 딸의 주의를 뺏어 더 일반적인 대화로 주제를 바꿨습니다.

저도 지하철에서 같은 광고를 본 적이 있고, 정말 별로라고만 생각하고 있었는데, 아내가 목격한 장면은 어린 나이부터 우리가 어떻게 특정한 방식으로 생각하도록 교육받는지를 잘 보여주고 있었죠. 이 경우엔, 세상이 어린 소녀에게 가슴이 작으면 행복하지 못할 거란 메시지를 보내고 있었던 거죠. 가슴이 크면 행복하고, 의사를 만나서 가슴을 확대하면 더 행복하게 될 거라는 메시지. 정말 끔찍하지 않나요?

이 광고는 "너는 충분하지 않아! 더 많은 게 필요할 거야!"라고 외치는 수많은 목소리 중 하나일 뿐입니다. 우리는 더 잘생기고, 더 행복하고, 더 부유하고, 더 낭만적으로 성공한 사람들의 웃는 모습에 둘러싸여 있습니다. 아무 잡지나 집어서 아무 인터뷰 기사를 펼쳐보더라도 인터뷰 주인공은 완벽한 삶을 살고 있죠. 잡지 속 완벽해 보이는 삶을 내 삶과 비교하기 시작하고, 불행이 시작되죠. 만약 우리가 잡지에 실린 완벽한 삶의 유명인과 실제로 대화를 나눈다면 그들도 자기가 다 가진 건 아니라고 할 겁니다. 심지어 그들은 일반적으론 상상도 못하는 이유로 실패감을 느끼고 있을지도 몰라요.

다른 사람들과 비교하는 것은 상실감, 우울감과 직결되어 있어요. 주위를 둘러보면 모두가 잘하고 있는 것처럼 보이죠. 나만 못하고 있는 것 같을 때 실패감은 계속됩니다. 만약 세상 사람 모두가 속으론 실패감을 느끼면서도 겉으로만 사랑하는 사람들과 멋진 시간을 보내고 있다면, 실은 모두가 실패자 아닐까요?

아닙니다. 우리는 실패자가 아닙니다.

상황이 바라는 대로 흘러가지 않았다고 해서 실패자가 되는 건 아닙니다. 이제는 우리가 바깥 대상에서 더 많은 충족을 얻어야 한다고 강요하는 사회와 세상의 외침을 무시할 때입니다. "나는 본래 온전해. 행복한 삶에 필요한 모든 것을 이미 갖추고 있어!"라고 스스로 목소리 내며 강요된 세상의 외침을 바꿔나가야 합니다.

다른 사람들과 비교하는 삶을 내려놓도록 해요. 생각이 떠드는 실패자 나레이션도 치워버리자고요. 이미 갖추어진 성공의 조건들을 받아들이기로 해요. 성공이 무엇을 뜻하는지는 각자 선택하는 거니까요. 다음 장은 '실패감 극복을 위한 쓰기 실습'입니다. 이어서 해보시길 권합니다.

실패감 극복을 위한 쓰기 실습

나를 사랑하는 사람이 있나요? 분명 있을 거예요. 만약 "아니오"라고 답했다면, 좀 더 심사숙고해보세요. 개나 고양이를 키운다면 그들을 떠올려도 좋습니다. 나를 사랑하는 사람이나 동물의 모습을 마음속에 그려보세요. 그 이미지가 주는 느낌에 잠시 머물러보세요. 당신은 행운아입니다. 사랑받고 있다는 것이야말로 진정한 풍요입니다. 우리는 본래 주어진 풍요를 자주 잊어버리기 때문에 풍요를 다양한 방식으로 상기할 필요가 있습니다. 일, 연애, 가족, 어떤 주제든 삶의 어떤 부분에서 실패했다고 느낀다면, 노트를 꺼내보세요.

   실패라고 여겨지는 삶의 한 영역을 적어보세요. 그 영역은 일, 연애, 가족 등이 될 수 있겠죠. 그 부분이 실패했다고 생각하는 이유를 써보세요. 생각나는 것을 다 써보세요. 해가 되지 않을 거예요. 때로는 단순히 적는 것만으로도 해방감을 느낄 수 있습니다.

이제 새 종이에 삶의 다른 영역을 적어봅니다. 만약 저처럼 사랑에 실패했다고 생각한다면, '우정'이나 '일' 등 삶의 다른 부분을 적어봅니다. 만약 무엇을 쓸지 막막하다면 최근 사람들과 나눴던 일상적인 대화를 떠올려보세요. 거기서 힌트를 얻을 수도 있습니다.

그 영역 아래에 내 삶이 풍요로운 이유를 나열하세요. 만약 종이에 적은 영역이 '친구'라면, 사랑하는 친구들의 이름과 그 친구가 좋은 이유에 대해 적어봐도 좋겠죠. 쓰고 있는 내용이 '일'이라면 내가 하는 일이 자랑스러운 이유를 나열해보세요. 무엇이든 좋습니다. 그저 적어보세요. 특정 형식 없이 자유롭게 적어보세요. 이 실습에서는 특정한 순서가 필수는 아닙니다.

다 썼다고 느껴진다면 천천히 내 삶이 풍요로운 이유를 소리 내어 읽어보세요. 소리 내 읽으며 삶에 현존하고 있는 풍요를 마음껏 느끼고 즐겨보세요.

재미난 마지막 단계입니다. 실패를 나열한 종이를 소리 내어 읽어보세요. 그 말들이 주는 무게를 느껴보세요. 깊게 숨을 들이쉬고, 그 종이를 태워버리세요. 종이가 타오르는 순간, 그 실패들도 모두 놓아보내세요.

내 삶에 현존하는 풍요를 적어놓은 종이는 나중에 다시 볼 수 있도록 어딘가에 잘 보관하세요. 원한다면 틀이나 액자에 넣어 책상이나 서랍장 위에 놓아도 좋습니다. 나를 응원해주는 많은 사람의 존재와 다양한 측면에서 이미 성공해 있는 삶을 온전히 느끼고 즐겨주세요.

세상이 무너진 것 같다면

옛날 옛적에 사랑스러운 가족과 소박한 농장을 운영하는 농부가 살았습니다. 농부에겐 말 한 마리가 있었죠.

어느 날 아침, 농부의 가족은 말이 도망간 것을 발견했어요. 농부의 가족은 말을 잃고 눈물을 감추지 못했습니다. 이웃들도 그들을 위로하며 슬픔을 함께했습니다. 그러나 농부만큼은 그냥 어깨를 으쓱할 뿐이었어요. 그는 말했어요. "이게 좋은 일인지 나쁜 일인지 아직은 알 수 없어."

일주일 후, 농부의 말이 돌아왔습니다. 게다가 훌륭한 동반자와 함께였죠. 농부의 말은 수컷 말이었는데 야생 암말을 꼬셔서 함께 돌아온 것이었죠. 야생 암말은 쉽게 길들여졌습니다. 모든 이웃이 농부에게 축하의 말을 건넸습니다. 농부는 다시 어깨를 으쓱하며 말했습니다. "이게 좋은 일인지 나쁜 일인지 아직은 알 수 없어."

얼마 지나지 않아 농부의 아들이 들판에서 암말을 타고 달리다가 떨어졌습니다. 두 다리가 모두 부러졌죠. 마을 의사에게 처치를 받았지만, 극도의 고통은 어쩔 수가 없었어요. 이웃들이 와서 농부 가족의 불행을 위로했습니다. 농부는 말했습니다. "이것이 좋은 일인지 나쁜 일인지 아직은 알 수 없어." 이웃들은 농부를 이해할 수 없었어요. 아들의 큰 부상이 어떻게 좋은 일이 될 수 있을까요?

몇 주가 지나고, 군인 무리가 마을에 찾아왔습니다. 이제 막 시작된 전쟁을 위해 젊은 남자들을 징집하려고 찾아온 것이었죠. 싸울 수 있는 나이의 사내들은 빠짐없이 징집되었습니다. 한 명을 제외하고 말이죠. 두 다리가 부러져 아직 걷지도 못하는 농부의 아들은 면제되었습니다. 젊은 아들을 전쟁에 보낼 수밖에 없는 마을 사람들은 농부를 바라보며 그가 정말 행운의 남자라고 생각했습니다. 농부는 아무런 말도 하지 않았습니다.

괴로움이 삶에 무엇을 잉태할진 알 수 없습니다. 이 책을 쓰며 괴롭고 가슴 아픈 일을 겪었던 사람들과 많은 대화를 나눴습니다. 그중 많은 사람이 하나같이 하는 말이 있습니다. 그 말은 바로 "하지만 그 일이 없었다면…"입니다. "하지만 그 일이 없었다면, 지금 남편을 만나지 못했을 거예요."라든지 "하지만 그 일이 없었더라면, 가족과 화해하지 못했을 거예요."라든지요. 저의 경우, 절친한 친구인 알렉스를 잃지 않았더라면 현재 제가 운영하는 비영리 사회단체와 명상 스튜디오를 설립하지 못했을 거예요.[11] 뼈가 부러진 것처럼 이별의 아픔이 깊을 수 있어요. 하지만 마음의 상처는 결국 치유되고, 그 결과로 더 강한 사람이 될 수 있어요.

괴로움과 아픔에서 오는 예상치 못한 좋은 결과가 그것들을 정당화하는 거 아니냐고요? 그런 뜻은 아닙니다. 또 그렇다고 고통에서 긍정적인 일은 절대 일어나지 않는다는 뜻도 아닙니다. 어떤 일이 벌어질지 그저 기다려봐야 하죠. 인내심으로 똘똘 뭉친 농부처럼요.

이별을 받아들일 수 없다면

이미 일어난 일입니다. 그래도 괜찮을 거예요. 약속합니다. 극복할 수 있습니다. 삶의 근본적인 긍정성은 우리가 기본적으로 온전하며 본질에서 선량하다는 것에만 있지 않습니다. 지금 내가 느끼고 있는 극복 불가능해 보이는 모든 고통을 헤쳐 나갈 길이 내 안에 있다는 사실. 그것이 가장 중요합니다.

첫 번째로 해야 할 일은 이 상황이 발생했다는 것을 인정하는 것입니다. 눈앞의 상황을 인정하세요. 큰 소리로 말해보세요. 적어보세요. 이 일이 일어났다는 것을 받아들이는 작은 몸짓이라도 취해보세요.

두 번째로는 스스로 고통을 지속시키는 행동은 하지 말아야 합니다. 저의 친구이자 훌륭한 수행 스승인 샤론 샐즈버그(Sharon Salzberg)는 말했어요, "어떤 것들은 어쩔 수 없이 그냥 고통스러워. 그리고 우리는 그 고통을 훨씬 더 악화시

키곤 하지." 고통스러울 수 있습니다. 그것은 그것대로 하나의 현상입니다. 하지만 스스로 괴롭혀서 그 고통을 더 악화하고 지속하는 행동은 하지 말아주세요.

세 번째로는 할 수 있는 최선으로 자신을 돌봐야 합니다.

네 번째로는 괜찮을 거라는 말을 아주 조금이라도 가슴을 열고 받아들여보세요.

누군가를 인생에서 끊어내야 한다면

상대에 대한 연민의 마음을 포기할 필요는 없지만, 때로는 내가 제대로 숨을 쉬기 위해서 누군가로부터 거리를 두어야 할 때가 있습니다(이와 연관된 내용은 '아무도 포기하지 않기' 장을 참조하세요). 지금부터 들려드릴 이야기는 이별 인터뷰에서 만난 한 여성의 실제 경험입니다. 사생활 보호를 위해 그녀를 라니(Laney)라는 가명으로 부르도록 하겠습니다.

라니는 28살이고 대학교 1학년 때 빌(Bill)을 만났습니다. 그녀는 빌에게 깊은 호감을 느꼈어요. 빌과 친구가 되면서 감정은 더욱 깊어졌습니다. 어느 파티에서 라니는 빌이 그녀의 절친과 키스하는 것을 목격했어요. 빌은 그 친구와 연인으로 발전했고, 라니는 낙담했죠.

이 이야기는 이제 시작이에요. 얼마 있지 않아, 라니는 스탠리(Stanly)라는 남자를 만나 사귀기 시작했어요. 그녀는 여전히 빌에게 감정이 있었지만, 둘은 친구로 남았고 대학 졸

업 후에도 계속 친밀한 관계를 유지했습니다. 라니는 스탠리와 계속 만났고 이따금 싸우고 휴식기를 갖기도 했지만 둘은 늘 다시 연인으로 돌아왔습니다. 뉴욕에서의 어느 날 밤, 라니와 그녀의 친구 세레나(Serena)는 엑스터시를 하고 황홀경에 빠진 상태로 파티에 갔습니다. 그 파티엔 빌도 있었죠. 세레나와 빌이 서로에게 호감을 느끼는 눈치였고, 대학교 1학년 때 일이 생각난 라니는 그날 밤만큼은 얼른 빌을 낚아챘습니다. 그날 밤 세레나는 스탠리와 밤을 보내게 되었습니다.

그날 이후 라니는 빌과 연인이 되었습니다. 스탠리는 비교적 이별을 잘 받아들였고, '엑스터시의 밤' 이후로도 라니와 친구로 남았습니다.[12] 수년간의 우여곡절 끝에 연인이 되었지만, 라니와 빌의 관계는 금방 흔들리기 시작했습니다. 그들은 헤어졌다 다시 만나기를 반복했고, 격동적인 관계가 오랜 기간 계속되었습니다.

이별 인터뷰 중 저는 보통 마음을 편안하게 하고 인터뷰 상대와 온전히 함께하곤 했는데, 라니의 경우에는 이야기를 듣다가 중간쯤에 "소수의 남녀가 서로 돌아가면서 관계 맺는 게, 드라마 '프렌즈(Friends)' 같은데!"라고 생각했어요. 그녀의 이야기에 귀를 기울이지 않을 수 없었죠.

라니와 빌의 문제는 그 둘이 산타페(Santa Fe)로 함께 이사

하기로 했을 때 정점에 달했습니다. 라니가 일주일 먼저 산타페에 자리를 잡고 빌을 기다리고 있었죠. 웬일인지 빌은 망설였고, 라니의 전화를 피했습니다. 그 사이 빌은 다른 사람을 만나 새로운 연애를 하고 있었던 것이죠. 이전 갈등들과 달리 이번만큼은 라니도 공개적으로 이별을 선언했죠. 그도 그럴 것이, 주변 모든 사람에게 빌과 함께 산타페로 이사 갈 집을 마련했다고 여기저기 말해놨기 때문이었죠.

이 사건은 둘 사이에 너무나 치명적이었습니다. 라니는 빌을 더는 두고 볼 수 없었고, 빌과 그의 새로운 여자친구를 마주칠 상상에 불안증까지 생겨서 병원까지 찾게 되었죠. 그녀는 친구들과도 멀어지고, 불행해졌죠.

얼마 지나지 않아 빌의 새 여자친구는 빌의 서른 살 생일 일주일 전에 그를 차버렸습니다. 그리고 라니와 빌은 또 재결합했습니다. 더는 놀랍지도 않죠? 라니의 이야기가 막장 드라마 같다고 느껴질 수 있습니다. 저 역시 같은 생각을 했으니까요. 이 관계의 악순환은 또 얼마간 반복되었고, 둘은 결국엔 다시 헤어졌습니다. 빌이 라니와 마지막으로 헤어졌을 때, 라니에게 말하길, 자신이 상처를 너무 잘 주는 사람이라 헤어질 수밖에 없다고 했다더군요.

라니는 자신이 종속된 고통과 실연의 굴레를 자각하지 못하고 빌에게 집착하고 있었습니다. 빌과 완전히 헤어지지 못해서 많은 괴로움을 스스로 초래하고 있었죠. 그녀는 인터뷰를 마치면서 그날 밤 빌과 함께 저녁 약속이 있다고 말했습니다. 둘이 친구가 된 지 10주년이 되어서 우정을 기념하는 자리라고 했죠. 빌은 라니의 삶에 지대한 영향을 미쳤고, 둘의 관계는 그녀가 어떤 식으로 사랑하는지를 잘 보여줍니다. 그녀는 인터뷰를 마치면서 빌과의 관계가 괴롭지만 한편으론 꽤 긍정적이라고 말했습니다. 이 관계가 우정이든 사랑이든 그녀의 내면을 갉아먹고 있는 것 같지만 말이죠.

이 이야기를 읽고 조금이라도 "내 연애랑 비슷한데?"라는 생각이 든다면, 스스로 숙고해보는 시간을 갖는 것이 좋겠습니다. 누군가를 끊어내야 할 때라고 여겨진다면, 그렇게 하세요. 감정이 얽히고설킨 관계로부터 떨어져서, 독립적으로 자신과 더 친해지는 시간을 가져보세요. 실험 삼아 나를 갉아 먹는 인간관계를 잘라내고 잠시 혼자 있는 시간을 가져보세요.

새로운 사람을 만나세요. 새로운 사람과 키스를 해도 좋고, 가벼운 데이트를 해도 좋습니다. 나를 옭아맨 몇몇 사람을 넘어서 관계의 지평을 넓혀보세요. 드라마 '프렌즈'에서도 마지막 시즌에는 새로운 인물들이 많이 등장합니다. 피비(Phoebe)가 주인공이 아닌 새로운 인물과 결혼해서 얼마나 행복했는지 생각해보세요. 새로움은 삶에 활기를 불어 넣어

줍니다. 그 사람과 멀어짐으로써 부서진 마음을 치유할 여유가 생길지도 몰라요.

왜? 도대체 왜?

어느 날 한 사람이 스즈키 순류 선사에게 울면서 다가왔습니다. 매우 고통스러워 보였죠. 그 사람은 큰소리로 외쳤습니다. "왜 이렇게 괴로운 것일까요?" 스즈키 선사가 답했습니다. "이유는 없네."[13]

식음을 전폐하고 있다면

혹시 깊은 슬픔에 빠져 이렇게 생각하고 있나요? "내가 먹든 말든 누가 신경이나 쓰나? 배도 안 고파. 안 먹고 울고 화내다 보면 몇 킬로그램 금방 빠지겠지. 그러다 혹시 개랑 길에서 마주치면 더 멋지게 보이겠지."

그래도 무엇이든 좀 드세요. 뭐라도 좋아요.

아이스크림도 좋아요. 씹을 필요도 없잖아요. 그릇에 담을 필요도 없어요. 그냥 포장된 용기 그대로 퍼먹어요. 한 스푼 떠서 입에 넣기만 하면 알아서 꿀떡 넘어가잖아요? 큰 힘도 들지 않아요.

짙은 슬픔에 빠져 이렇게 생각할 수도 있어요. "술도 씹을 필요 없지 않나?" 맞아요, 술이 마시고 싶을 수도 있어요. 그렇지만 빈속에 술을 마시는 것은 좋지 않아요. 숙취 때문에 고생할 거고, 그러면 지금보다 슬픔이 더 걷잡을 수 없을 거예요.

술을 마실 거라면 마시기 전에 샌드위치라도 드세요. 저는 식빵에 치즈를 넣어 구워 먹는 게 좋더라고요. 정말로, 무언가 드세요. 거울을 보세요, 기운이 없어 보여요! 뭔가를 드세요! 기다릴게요.

잘 했어요. 당신이 무엇을 먹었는지 알 수 있게 저에게 이메일을 보내주세요. 음식 사진을 첨부하면 보너스 포인트! lodrorinzler@gmail.com으로 이메일 주세요. 답장 드릴게요.

이제 어느 정도 힘이 생겼으니 다시 슬퍼할 힘을 낼 수 있겠죠?

잠이 오지 않는다면

잠드는 것이 너무 힘들 때가 있습니다. 잠이 필요하다는 것도 알고 몸도 극도로 피곤하지만, 너무 화가 나거나 스트레스를 받아서 또는 너무 슬퍼서 몸이 가만히 있지 못하고 고요히 누워 있을 수조차 없을 때가 있습니다. 지금 소개하는 명상이 수면에 도움이 되기를 바랍니다. 이 명상을 통해 저도 수면에 많은 도움을 받았습니다. 이 장을 자세히 읽고 어떻게 명상하는지 충분히 감을 잡은 다음, 책을 덮고 실제로 해보세요.

가장 먼저 침대에서 전자기기를 모두 치워주세요. 아예 침실에서 전자기기를 전부 치우는 것도 좋은 방법입니다. 핸드폰은 무음으로 설정하세요. 빛나는 화면은 숙면을 위해 필요하지 않습니다. 잠을 깨우는 뉴스화면은 더더욱 필요 없죠. 눈에 보이지 않으면 마음에서도 멀리하기 쉽습니다. 다른 사람들의 이야기, 세상 돌아가는 이야기로 머릿속을 채우는 게 너무 익숙할 수 있지만, 명상할 때만큼은 멀리해주세요. 이불에 들어가기 전에 정신을 이완해주는 게 중요합니다. 이완은 명상에서 매우 중요합니다.

마음을 이완한 뒤 침대에 누워 몸을 쭉 뻗습니다. 다리를 부드럽게 들어 올리고 늘려줬다 내려놓습니다. 손은 머리 뒤에 받쳐놓거나 배 중앙에 손바닥을 아래로 향한 채 둡니다. 눈 주변 근육을 편안하게 풀어줍니다.

처음에는 코로 숨을 들이마시고 입으로 내쉽니다. 세 번 정도, 깊게 들이마셨다 크게 내쉽니다. 이때 내일 해야만 하는 많은 일이 머릿속에 떠오를 수 있습니다. 이런 생각은 미래에 대한 생각입니다. 미래에 대한 생각은 잠시 내려놓습니다. 호흡이 자연스럽게 오가는 것에 주의를 돌려주세요.

과거에 대한 생각이 떠오를 수도 있습니다. 오늘 하지 못한 일이나, 꼭 해야 했던 말인데 차마 하지 못한 말이 생각날 수도 있습니다. 이런 생각들도 내려놓습니다. 호흡의 자연스러운 순환에 다시금 주의를 돌려봅니다.

특정 주제가 머릿속에 계속 떠오른다면 그 주제에 대해 1분 정도 마음껏 생각해보세요. 1분 동안 있는 힘껏 생각을 펼쳐보세요. 단, 그 특정 주제에 집중하세요. 생각이 그 주제를 벗어나지 않게 하세요. 1분이 지난 후 다시 세 번 숨을 깊게 쉬고 자연스럽게 오가는 호흡에 주의를 둡니다. 눈을 감고 충분히 이완합니다.

이러고도 여전히 잠들기가 힘들다면 마음의 눈으로 전신을 스캔해보세요.

발과 다리의 근육에 의식을 가져가서 근육을 이완해주세요. 천천히 주의를 다리에서 몸통으로, 엉덩이와 엉덩이 주변 근육이 이완되도록 하고, 계속해서 등, 어깨, 가슴의 근육을 이완하세요. 팔, 손, 손끝으로도 주의를 옮겨서 몸이 이완하도록 합니다.

주의를 목 근육에 두고 이완해주세요. 머리를 좌우로 움직이며 살짝 늘려보세요. 이마 주변 근육에 주의를 두고 편안함을 느껴보세요. 그런 다음 눈 주변, 코 주변, 턱 주변 근육을 이완하세요. 턱을 이완하면 입이 벌어지는데, 이때 얼굴의 다른 근육들도 자연스럽게 이완됩니다. 다시금 눈꺼풀 주변 근육을 알아차리면서 눈이 감겨 있는 감각을 편안하게 지켜보세요. 그런 뒤, 자연스럽게 일어나고 있는 호흡에 주의를 돌려줍니다.

꼭 몸을 비틀거나 움직일 필요는 없습니다. 있는 그대로 몸이 원하는 대로 이완하도록 허락하세요. 숨 쉬며 편안하게 잠을 청해보세요.

원나잇을 하고 싶은 충동이 든다면

하지 않는 게 좋습니다. 잠깐 재밌을 수는 있겠지만 막상 눈을 뜨고 일어났을 때는 마음이 더 혼란스러워질 거예요. 숙취도 가시지 않은 채로 그 사람이 누구였는지, 간밤의 섹스가 좋은 섹스였는지조차 알 수 없는 상황에 놓일 수도 있습니다. 원나잇은 별로 가치가 없어요.

우리는 누군가에게 거절당한 기분이 들 때 너무 조급하게 성적으로 행동하고 싶은 충동을 느끼곤 합니다. 그렇다고 충동에 따라 행동할 필요는 없습니다. 약간 불쾌할 수 있는 이야기를 해드릴게요. 그러면 이 말이 무슨 뜻인지 알게 될 거예요.

몇 년 전, 이 문제가 얼마나 마음을 괴롭게 할 수 있는지 잘 알게 해준 사람을 만났습니다. 제가 실연의 아픔을 겪고 있을 때였죠. 친구들과 긴 밤을 보내고 바에 앉아 있었죠. 몇 잔의 술을 마신 상태였어요. 실연 후 이런 밤이 필요했죠. 제

옆에는 한 남자의 관심을 즐기고 있는 것처럼 보이는 한 여성이 앉아 있었어요. 그 남자가 화장실에 갔을 때 그녀는 지루해하며 한숨을 쉬고 주위를 둘러보았어요. 뭔가 조금 이상하다고 느껴져서, 잠시 친절하게 대화를 나눈 후 그 남자에 대해 그녀에게 물어보았어요. "제 전 남자친구의 친구예요." 그녀가 말했습니다. "전 남자친구가 바람을 피웠거든요. 이 남자가 지루하고 소름 끼치긴 하지만 잊지 못할 밤을 선사해 줄 거예요. 이번이 첫 번째도 아니에요. 얼마 전에 전 남자친구의 다른 친구랑도 잤거든요. 복수하는 거예요."

가벼운 질문에 이런 대답을 듣게 될 줄은 몰랐어요. 정말인지, 진부한 영화에서나 나올 법한 대사였죠. "그 나쁜 놈에게 복수하는 거예요." 남자가 돌아왔고, 저는 다시 제 음료에 집중했습니다. 그날 집에 돌아가서 잠을 이룰 수 없었습니다. 실연당해 슬프고, 싱글이 되었는데, 세상에나, 세상에 이런 변태적인 일탈이 존재한다는 것도 모르고 있었다니. 전 연인의 친구들과 자면 기분이 좋아진다니. 이 상황을 둘러싼 감정선이 도저히 이해되지 않았습니다. 한 남자에게 상처를 받았다는 이유로 그의 모든 친구 관계를 망친다고? 그렇게 해서 본인이 다시 치유될 수 있을까? 다시 사랑할 수 있을까? 이해하기 힘들었죠.

이 여성의 이름은 케이트(Kate)였는데 우리는 바에서 대화를 나누며 꽤 친해진 상태였습니다. 그녀는 직장이 근처라며 놀러 오라고 했죠. 걸어서 그녀의 직장 근처로 갔습니다. 케이트는 저를 반갑게 맞아주었어요. 그녀는 일찍 퇴근하고 저와 커피를 마셨습니다. 대화가 무르익고, 호기심을 참지 못하고 그녀의 상황과 그 남자에 대해 더 자세히 물어봤습니다.

"봐요~" 케이트가 약간 짜증스럽게 반응했어요. 올곧은 척하는 불교 수행자를 친구로 사귀었다는 것이 달갑지 않은 듯했죠. "제가 하는 일이 건강하지 않다는 거 알아요. 그놈 친구들과 자는 게 저를 행복하게 하지도 않고요. 기분만 더 더러워졌죠. 그렇지만, 어쨌든 저질러진 일이고, 이제 그놈도 기분이 더러워졌겠죠."

케이트는 복수를 원했습니다. 그 마음은 이해합니다. 누군가가 나를 상처 입힌 만큼 그들도 내가 느낀 만큼의 고통을 느끼길 원하는 충동을 부정할 수는 없습니다. 그렇다고 해서 케이트의 행동이 옳다고 할 수도 없습니다. 어쨌든 저도 그녀와 이제 막 친구가 되었으니 그녀를 꾸짖거나 하진 않았습니다. 케이트 자신도 이런 행동이 괴로움을 해소하는 좋은 방법이 아니라는 것을 알고 있었으니까요. 그 후로도 케이트와 연락을 하고 지냈는데, 그녀는 얼마 지나지 않아 스스로 돌보는 시간을 갖고 자해적인 행동도 끊어냈습니다.

우리는 실연당하고 거부당했을 때 전 애인을 잊기 위해 다른 사람과 잠자리를 하고 싶은 충동을 느낍니다. 그렇다고 그 충동대로 행동해야 할 좋은 이유는 없습니다. 이런 충동이 들 때 놓칠 수 있는 중요한 사실이 있습니다. 외로움이나 상심을 굳이 배척하거나 회피할 필요가 없다는 사실이죠. 우리는 그런 느낌, 감정과 함께 온전히 쉴 수 있습니다('거부당했다면' 장에서 이 내용을 더 자세히 다루고 있습니다). 복수만큼 흥미진진하게 들리지 않을 수도 있습니다. 그렇지만 상처받았을 때 오롯이 상처를 느끼는 것이야말로 가장 근본적인 자기 치유 행위입니다. 보통은 상처받았을 때 무엇을 해야 할 것만 같지만, 꼭 그렇진 않습니다.

다른 사람에게 상처받았을 때 그 사람이 혹시 나를 전혀 사랑하지 않았던 건 아닌지 의문을 갖게 되기도 합니다. 저도 겪어봐서 알아요. 갑자기 관계가 끝나고, 상대로부터 정리당했을 때, 그 사람과 함께한 그 모든 시간과 행복이 순전히 착각은 아니었는지, 다 허상에 불과했던 건지 의심하게 되죠.

우리의 사랑이 정말 진짜가 아니었던 걸까요? 아닙니다. 사랑은 진짜였습니다. 티베트 불교 카규파 수장, 제17대 까르마빠(Karmapa)는 이 주제에 대해 훌륭한 조언을 주셨습니다. 그분은 이렇게 말씀하셨죠, "많은 사람이 사랑을 이상하게 이해하고 있더군요. 사람들은 사랑을 돌려받아야 할 선물처럼 생각하더군요.… 사랑은 항상 상호적일 필요가 없습니다. 그냥 사랑할 수 있습니다. 사랑이 돌아오지 않는다 해도, 내가 주는 사랑, 내가 느끼는 사랑도 여전히 사랑입니다."[14]

배우자가 나를 떠난다 해도, 함께 나눴던 사랑이 사라진 것은 아닙니다. 사랑은 여전히 남아 있습니다. 까르마빠의 말을 빌려 표현하자면, 만약 내가 누군가에게 선물을 주었고 그 사람이 죽었다고 해서 그 선물도 더는 존재하지 않게 되나요? 아니요, 그 선물은 어딘가 그대로 있습니다. 그 사람이 더는 그것을 소유하지 않는다고 해도요. 사랑도 마찬가지입니다. 사랑하는 사람이 사랑을 적극적으로 받아들이지 않거나 되돌려주지 않는다 해도, 사랑 자체가 사라지는 것은 아닙니다.

거절당하고, 상처받아서, 복수하고 싶을 때, 까르마빠의 말씀을 기억해주세요. 그냥 사랑할 수 있습니다. 히피나 할 법한 말이지만, 취지는 그런 것이 아니에요. 제가 강조하고 싶은 것은, 괴로움, 아픔과 그저 있는 그대로 함께 머물면 그 표층 아래 여전히 존재하는 사랑을 느낄 수 있다는 것이에요. 그 사람이 이젠 나와 함께하지 않는다고 해서, 그 사랑이 더는 상호적이지 않다고 해서 그 사랑이 존재하지 않았거나 사라진 것은 아닙니다. 이 순간 바깥에서 사랑을 찾으려 하기보다는 괴로움이란 표면 아래로 깊숙이 잠수해서 여전히 존재하는 사랑의 심연을 느껴보세요.

창피하다면

명상 지도를 할 때마다 생기는 재미있는 일이 있어요. 수업 후에 사람들과 이야기를 나누면서 어떤 경험을 했는지 물어보곤 해요. 대부분은 좋았다거나 즐거웠다는 반응이 많고, 솔직히 좀 어려웠다는 반응도 꽤 있어요. 단골로 나오는 얘기 중에 이런 것도 있어요. "제가 계속 꿈틀거려서 신경 쓰이고 창피했어요." 늘 나오는 반응이죠. 이에 저는 이렇게 답하곤 합니다. "당신이 꿈틀거리는 걸 아무도 눈치채지 못했어요. 모두 자기 명상에 집중하느라 바빴으니까요." 훌륭한 명상가가 되려고 애쓰다 보면 가려워서 몸을 긁거나 배가 꼬르륵거리면 창피하다고 느끼곤 합니다.

제가 운영하는 작은 명상 스튜디오가 사회 전체라고 가정한다면, 결론을 하나 도출할 수 있습니다. 우리는 다른 사람이 나의 창피한 마음을 금방 알아차릴 거라고 착각하며 살고 있어요. 타인이 내 얼굴에서 내 감정을 바로 읽을 수 있다고 생각하면서 사는 것이죠. 모두가 나를 유심히 보고 있고 내 내면의 소용돌이를 빤히 아는 것만 같죠. 하지만 실제로는 다른 사람들도 자기 내면의 드라마에 휩싸여 있어서 남에게 딱히 신경 쓰고 있지 않아요.

주변 사람에게 지나치게 의지하는 것 같아서, 나만 괴로운 것 같아서, 요가 수업 마무리 명상 중에 나도 모르게 눈물이 흘러서, 다양한 이유로 창피한 마음이 듭니다. 그렇지만, 나만 그런 게 아니라는 걸 알아야 해요. 다른 사람들도 똑같은 경험을 하고 있어요. '사람 많은 지하철에서 울기'와 같은 오래된 전통도 있잖아요. 공공장소에서 격한 감정을 드러낸 사람들은 마치 자신이 역사상 그런 일을 최초로 저지른 것처럼 창피해하고, 수치스러워합니다. 그런 사람들을 볼 때마다 다가가서 제가 겪었던 일을 알려주고 싶어요. 공공장소에서 울었다고 해도 너무 창피할 거 없어요.

몇 년 전의 일이에요. 당시 여자친구와 함께 침대에 누워 여름 휴가를 계획하다가 말다툼을 하게 되었고 갑자기 상황은 이별의 순간으로 급전개 되었어요. 어떻게 이렇게 급작스럽게 상황이 이 지경까지 왔는지 둘 다 어리둥절했죠. 일단 걸으면서 상황을 정리해보기로 했어요. 목적 없이 돌아다니다가 공원 벤치에 앉게 되었고, 그녀도 울고, 저도 울고, 난리도 그런 난리가 없었죠. 자세히 묘사하기 창피할 정도로요.

그러던 중 중년 부부가 저희에게 다가와 길을 잃었다며 길을 물었어요. 속으로 생각했죠. "지금 심각하게 이별을 겪고 있는 상황이 안 보이시나? 공원에 다른 사람도 많은데 왜 하필 이러고 있는 우리한테 와서 길을 묻는 걸까?" 그들은 우리가 그 순간에 어떤 일을 겪고 있는지 전혀 몰랐어요. 그저 자신들이 약속에 늦었다는 사실에 마음이 급급할 뿐이었죠. 중년 부부의 인생이 영화라고 친다면 벤치에 앉아 있는 젊은 커플은 배경이고 단역일 뿐이었죠.

이때 깨달은 것이 있습니다. 모든 사람이 자기 일에 몰두하고 있어서 90%의 경우 내가 창피함을 느끼는 것조차 눈치채지 못한다는 것이었죠. 나머지 10%의 관찰력이 뛰어난 사람의 경우엔 타인의 곤란한 상황을 알아채고 배려해주고요. 타인이 힘든 시간을 겪고 있음을 알아차리면 과거에 겪었던 비슷한 경험이 자연스럽게 배려의 마음으로 발현되기 마련입니다. 문을 열어주거나 휴지를 건네주는 등, 꼭 연민이 아니더라도 공명하는 마음은 배려의 행위로 확장되죠.

느껴지는 감정을 있는 그대로 느끼세요. 다른 장들에서 여러 번 말했지만, 또 강조해도 부족하지 않습니다. 어떤 감정을 느끼든 창피하거나 수치스러울 필요가 없습니다. 잠시라도 그 창피한 마음을 정면으로 바라보세요. 그리고 그 마음을 탁 놓아버리세요. 이렇게 할 때 감정이 펼치는 광활한 풍경을 좀 더 자유롭고 여유롭게 즐길 수 있습니다. 주변 사람에게 의지해도 되고 공공연하게 감정을 드러내도 괜찮습니다. 내가 지금 어떤 상태인지에 대해 창피할 이유가 전혀 없습니다. 창피함을 버리고 현재의 순간으로 돌아와서 나에게서 일어나는 모든 현상을 있는 그대로 느껴보세요. 이 책이 말하는 많은 조언처럼, 이 조언도 간단하지만 실천하기에 마냥 쉽지만은 않을 수도 있습니다. 그렇지만 동시에 누구나 실천할 수 있는 일이기도 해요. 가장 먼저 해야 할 것은 나만 그런 것이 아니라는 사실을 깨닫는 것입니다. 나처럼 모두가 괴롭고, 그 괴로운 존재들이 함께 만들어가고 있는 세상입니다.

확 제정신이 들고 싶다면

어쩌면 당신은 아픔을 잊기 위해 조금 느슨하게 지내고 있을지도 모르겠습니다. 침대에 누워 다시 만날 수 없는 사랑을 한탄하고 있을지도 모릅니다. 혹은 드라마를 쉬지 않고 정주행하고 있는지도 모르겠네요. 숙취가 심하지만 계속해서 술을 들이켜 모든 게 잊히기를 바라는지도 모르고요. 여기 정신이 확 깰 만한 이야기가 있습니다.

숭산 선사는 제자들로부터 많은 편지를 받곤 했습니다. 이메일이 나오기 전인 1970년대의 일이라 우편으로 편지가 도착하면 숭산 선사는 편지를 읽은 뒤 수행의 핵심을 담은 촌철살인으로 답장을 보냈습니다. 한 제자가 자신의 삶과 수행에 관해 지나치게 고민하는 내용을 구구절절 써서 숭산 선사에게 보냈습니다. 숭산 스님은 그 편지 아래에 굵은 글씨로 답장을 써서 다시 편지를 부쳤습니다. 그는 이렇게 썼습니다.

너는 무엇이냐?
너는 내일 죽을 수도 있다.
너는 무엇을 할 수 있느냐?
―숭산[15]

아래는 제가 숭산 선사의 말씀에 즉흥적으로 덧붙인 해설입니다.

너는 무엇이냐?
나는 누구인가요? 무엇이 되고 싶나요? 누구를 돕고 싶나요?

너는 내일 죽을 수도 있다.
이 말은 그저 사실입니다. 그리고 누구나 중요하게 생각해야 할 일이죠. 그렇다고 죽음에 대한 생각에 잠기거나 죽음을 낭만적으로 여길 필요는 없습니다. 내일 버스에 치일 수도 있죠. 주변 사람들은 매우 슬퍼할 겁니다. 술에 절어 있기를 멈추고, 방종하지 않고, 상심에서 벗어나면 무엇이든 이룰 수 있습니다. 삶을 송두리째 바꾸는 책을 쓴다거나, 아름다운 가족을 꾸린다거나, 그게 무엇이든, 어떤 꿈이든 이룰 수 있습니다. 나의 꿈이 다른 사람들과 사회 전반에 도움이 될 수도 있어요. 삶을 포기하지 마세요. 모두가 내가 회복해서 원래대로 돌아오길 기다리며 응원하고 있습니다, 꼭 말로 하지 않더라도요.

너는 무엇을 할 수 있느냐?
오늘 나는 무엇을 할 수 있나요? 오늘 나는 무엇을 할 건가요? 할 수 있는 것을 하세요.

화가 난다면

화가 나도 괜찮습니다. 정말로 괜찮습니다.

저도 화가 날 때면 화를 제거해야 할 부정적인 감정으로 보곤 했어요. 19살 때 두 달 동안 티베트 불교 경전을 공부하는 안거安居에 참석한 적이 있어요. 그때 공부한 경전 중 하나가 감뽀빠(Gampopa) 스님의 『해탈장엄론』이었습니다. 카규파를 따르는 저에게 감뽀빠 스님은 37대를 거슬러 올라가는 큰 스승님이세요. 『해탈장엄론』은 수행의 기초 가이드로, 바른 스승을 찾는 방법부터 부처의 경지에 이르는 길까지 수행자에게 필요한 모든 것을 다룹니다. 이 경전에서 감뽀빠 스님은 사람이 다시 태어날지도 모르는 다양한 세계, 특히 여러 종류의 지옥에 관해 설명합니다.

맞습니다. 불교에서도 지옥에 다시 태어날 수 있다는 전통적인 믿음이 존재합니다. 몸이 여기저기 찔리고 불에 타는 뜨거운 지옥도 있고, 몸이 꽁꽁 얼어붙는 지독하게 추운 지옥도 있습니다. 불교에는 다양하고 창의적인 지옥들이 많습니다. 그렇다면 이런 지옥들에는 어떻게 해서 떨어지게 되는 걸까요?

불교에서는 한순간의 분노로 지옥에 떨어진다고 합니다. 경전에 그렇게 쓰여 있어요. 한순간의 분노로 지옥에 갇히게 된다고요. 지옥에 한 번 떨어지면 긴 시간을 그곳에서 보낸 후에야 다른 세계에 다시 태어날 기회를 얻을 수 있습니다. 이땐 지옥이 아닌 곳에 태어나야겠죠.

전통적인 불교 수행자가 아니라고 할 수도 있겠지만, 저는 불교에서 말하는 육도윤회六道輪廻에 대해서 확신하지 못합니다. 다만, 분노가 나와 타인에게 모두 파괴적이란 것은 아주 잘 알고 있죠. 대부분의 분노는 내적 현상이에요. 누군가에게 화를 내는 상상, 자신을 괴롭히는 머릿속 이야기들이죠. 수행하면서 분노를 다루는 데에 많이 성숙해졌지만, 저도 아직 성인聖人의 경지에 다다르지는 못한 것 같아요. 그러니 제 조언은 화를 완전히 극복한 사람으로서가 아니라, 화를 극복해가는 과정에 있는 사람으로서 드리는 조언입니다.

모든 사람이 화를 느끼고 그 감정이 얼마나 괴로운지 알고 있습니다. 그러니 화를 있는 그대로 느끼세요. 화가 파도처럼 나를 완전히 감싸도록 해보세요. 대신 분노의 덩치는 키우지 마세요.

화는 불과 같습니다. 불에 연료를 부으면 계속 타지만, 태울 연료가 없으면 불은 자기 일을 마치고 사라집니다. 화를 불타게 하는 연료는 내가 나에게 스스로 하는 이야기들입니다. 누군가에게 복수하는 상상을 하고, 누군가에게 내가 얼마나 잘났는지 보여주기 위한 복잡한 계획을 짜고, 그 사람이 나보다 못났다는 걸 교묘하게 알려줄 방법을 생각할 때마다 화는 더 오래 탈 수밖에 없습니다. 스스로 만들어낸 이야기를 연료로 주지 않으면 분노는 적절한 시간 동안 타다가 자연스럽게 사라집니다. 늦은 밤 화가 치밀어 올라 잠이 들지도 못하는 채로 침대에 드러누워 있고 싶지 않잖아요?

이야기를 멈추세요.

그게 전부예요. 화가 올라올 때는 분명 복잡한 이야기 구조를 가진 생각이 함께하고 있을 겁니다. 누구 때문에 내가 화가 났다는 시비, 자신 혹은 타인의 행동이 옳지 않았다는 분별, 잘못된 것 같은 상황을 바로잡는 온갖 방법들에 대한 상상, 어떻게 복수할지에 대한 계획 등. 화가 올라올 때는 온갖 이야기들이 늘 그 주변에 함께 있습니다. 이런 이야기들을 멈추세요. 머릿속 이야기를 알아차리고 "그래, 이런 느낌, 생각이 들 수 있어, 괜찮아."라고 말한 후 생각 아래에서 끓고 있는 분노를 그냥 느껴보세요. 이게 명상의 핵심입니다.

감정을 느끼세요.

그 감정과 함께 있어 보세요.

주의가 감정에서 벗어나 다시금 온갖 이야기와 생각에 빠진 걸 알아차리고, 멈추고, 다시 주의를 감정으로 돌려서, 감정만을 느껴보세요.

화가 다 사라질 때까지 있는 그대로 느끼고, 사라지게 둡니다. 다시 화가 날 수도 있습니다. 그래도 괜찮습니다. 생각이란 연료만 붓지 않으면 됩니다.

부처님이 화를 대하는 방법

어느 날 부처님과 제자들이 한 마을을 지나다가 잠시 쉬어가기로 하였습니다. 부처님이 제자들에게 설법을 시작하자 많은 이들이 모여들었습니다. 마을 사람들 틈에 섞여 있던 불평불만 많은 한 남자가 설법을 방해하기 시작했습니다. 아마 그는 부처님과 제자들이 교통을 방해한다고 느꼈거나 단순히 마을을 지나는 수행자들과 스승들이 못마땅했나 봅니다. 그는 부처님을 사기꾼이라고 비난하며 소리쳤습니다.

부처님은 당황하거나 화내지 않았습니다. 부처님은 사랑과 평온을 유지하며, 그 사람의 불평에 대해 간단한 질문을 던졌습니다. "누군가에게 주기 위해 선물을 샀지만, 그 사람이 선물을 받지 않는다면, 그 선물은 누구의 것입니까?"

질문에 당황한 남자는 잠시 멈춰 생각했습니다. "그 선물은 여전히 제 것이겠죠. 제가 샀으니까요."

부처님이 말했습니다, "맞습니다. 그대가 나에게 분노를 보내도 내가 그 분노를 받아들이지 않는다면, 그 분노는 결국 그대에게 돌아가지 않겠습니까?"

그 말을 듣고 남자는 깊은 깨달음을 얻었고, 부처님께 마음을 다해 절을 올렸습니다. 부처님은 이어서 말했습니다, "거울이 물체를 비추고, 잔잔한 호수가 하늘을 비추듯, 우리의 말과 행동이 어떤 결과를 가져오는지 항상 주의하십시오. 선한 행위는 선한 결과를, 해로운 행위는 해로운 결과를 가져옵니다."[16]

이것이 화가 날 때마다 화를 놓아버려야 하는 이유입니다.

지옥에 있는 것 같다면

당신의 마음을 잘 압니다. 관점을 전환해보는 것은 어떨까요? 스즈키 순류 선사는 이렇게 말했습니다. "지옥은 형벌(punishment)이 아니라 연습(training)이다."[17]

이별로부터 무엇을 연습해야 할까요? 아직 모릅니다. 하지만 알게 될 거예요. 그것만큼은 장담할 수 있습니다.

농담을 듣고 싶다면

한 남자가 집으로 돌아왔습니다. 집에 들어오자마자 그는 룸메이트의 머리가 호박으로 바뀐 것을 발견했어요. 그는 룸메이트의 머리가 호박으로 바뀐 이유를 너무 알고 싶었지만 묻기가 아주 조심스러웠어요. 그때 마침 호박머리가 솔직하게 모든 걸 털어놓기 시작했어요. "오늘 요술램프를 발견했어. 그걸 문지르니 요정 지니가 나와서 세 가지 소원을 들어주겠다고 했어."

"와! 대박!" 친구가 물었어요. "첫 번째 소원으로 무엇을 빌었어?"

"첫 번째 소원으로 백만 달러를 달라고 했어."

"그래서 어떻게 됐어?"

호박머리는 여러 개의 캠핑 가방을 친구 앞으로 던져주었어요. 그 가방에는 백 달러 지폐 묶음이 가득 차 있었어요.

"정말 대박이다! 두 번째 소원으로는 무엇을 빌었어?"

"두 번째 소원은 원하는 때마다 아름다운 사람들과 빈둥거리면서 놀아날 수 있게 해달라고 빌었어."

"그래서 무슨 일이 일어났어?"

호박머리는 침실 문을 활짝 열었어요. 아름다운 사람들이 침대에 벌거벗은 채 곯아떨어져 있었어요.

"와, 정말 놀랍다! 세 번째 소원은?"

"세 번째 소원은, 솔직히 망쳐버렸어." 호박머리가 말했어요. "세 번째 소원으론 호박머리를 달라고 했어."

조금 덜 이상한 농담을 듣고 싶다면

부처가 바에 들어가서 마티니 한 잔을 주문했습니다. 바텐더가 마티니를 따라서 부처에게 건넵니다. 부처는 바텐더에게 이십 달러 지폐를 건네고 거스름돈을 기다립니다. 바텐더는 돈을 거슬러 주질 않고, 부처는 계속 기다립니다. 기다리다 못해 부처가 공손하게 바텐더에게 묻습니다. "제 거스름돈을 받을 수 있을까요?"

바텐더가 대답합니다. "다른 사람은 몰라도 당신은 알아야 할 거 아닌가요? 변화(change)*는 그대 마음에서 온다는 것을."[18]

---

* 영어 단어 change는 '거스름돈'이라는 뜻과 '변화'라는 뜻을 모두 가지고 있다.

그 사람에게 연락하고 싶은 기분이 든다면

우리는 내게 실연을 준 사람에게도 수많은 방법으로 다시 연락할 수 있는 시대에 살고 있어요. 인스타그램(Instagram)을 염탐해서 그들의 현재 위치를 확인하고 길거리에서 우연한 마주침을 가장하는 것도 어렵지 않죠. 스카이프(Skype), 구글 행아웃(Google Hangout) 등을 이용해 전화할 수도 있고요. 또는 여러 소셜 미디어 플랫폼에서 너 없는 내 삶이 얼마나 멋진지를 은근히 과시하면서 질투심을 유발할 수도 있어요. 아니면 새벽 3시에 술에 취해서 아무 의미 없는 메시지를 보낼 수도 있고요.

  정신 차리려고 헤어진 사람에게 다시 연락하는 경우는 없습니다. 관계를 마무리지어서 새로운 일상으로 나아가기 위해서 다시 연락하는 것도 아닙니다. 실은 그 사람에게서 무언가를 바라니까 연락하는 것이죠. 그 사람과 나누던 익숙한 방식의 상호작용이 사라졌으니, 내가 이전에 소유했던 어떤 것의 일부분이라도 얻으려고 그 사람과 일종의 협상을 시도하는 것이죠. 그 사람이 내 삶에 다시 돌아오길 원하는 것일 수도 있고, 그 사람이 내가 느끼는 괴로움을 똑같이 느끼길 원하는 것일 수도 있어요. 혹은, 더는 내 곁에 있지 않음으로써 상대가 무엇을 놓치고 있는지 깨닫기를 바라는 것일 수도 있고요. 원래의 관계 방식이 무너진 상황에서 헤어진 사람에게 다시 연락하는 진짜 이유는 무너진 이 관계에 대해 상대가 무언가 하도록 유도하기 위해서입니다.

헤어진 상대에게 연락하고 싶은 충동은 간지러움과 같아요. 간지럽다고 반드시 긁을 필요는 없습니다. 잠시 멈추세요. 왜 이 사람에게 연락하고 싶은지 곰곰이 진정한 동기를 살펴보세요. 의미 있는 말을 전하고 싶어서 그런 건가요? 아니면 단지 일시적인 안도감을 위해, 긍정적이든 부정적이든, 어떤 방식으로든 그 사람과 다시 연결되는 상황을 만들고 싶은 건가요?

동기가 명확하지 않거나 바람직하지 않다면, 깊게 호흡해보세요. 스마트폰을 내려놓으세요. 가슴에 손을 얹고 자신의 몸 감각에 주의를 연결해보세요. 이런 충동이 올라올 때가 명상이나 운동을 하기 가장 좋은 순간일 수도 있어요. 독서도 좋은 방법입니다. 습관처럼 반복하는 무분별한 행동을 대체할 수 있는 대안을 제시하는 책이라면 다 좋습니다. 이 책도 좋고 다른 책도 괜찮으니 훑어보면서 독서에 주의를 둬보세요. 긁지 않으면 가려움은 자연스럽게 사라집니다.

정말 정말 우울하다면

코미디언이자 배우였던 로빈 윌리엄스(Robin Williams)가 자살로 세상을 떠났을 때, 저는 자살 충동에 시달렸던 과거를 대중에게 고백하기로 마음먹었습니다. 사람들이 "그런 사람이 그런 일을 할 거라고는 상상도 못했다."라고 말하는 걸 스무 번쯤 들었을 때, 나라도 무언가 말해야겠다고 결심이 섰습니다.

그런 사람이 그런 일을 할 거라고 상상할 수도 없었다고 말하는 것은 그가 즐거워 보이고, 성공한 사람이며, 모든 것을 다 갖춘 사람으로 보이기 때문이죠. 그런 사람이 자살을 선택할 정도로 우울할 수 있다는 사실을 상상할 수 없다는 뜻이죠. 우리는 얼핏 타인은 모두 잘 지내고 있다고 생각하지만, 사실은 사람이라면 누구나 괴로움을 겪고 있습니다. 모든 사람이 현재에도 무언가와 나름대로 싸우고 있습니다. 대개는 내면적으로 자신의 두려움, 불안, 우울과 씨름하고 있지요. 어떤 사람들의 괴로움은 다른 사람에 비해 더 눈에 띄기도 합니다. 그러나 눈에 띄지 않더라도 모두가 어떤 식으론가 괴로움을 겪고 있으니 우리는 서로에게 친절해야 합니다. 하지만 우울증이나 자살 충동에 시달리고 있다면 다른 사람에게 혹은 나 자신에게도 친절하기가 매우 어렵습니다.

2012년 제 인생이 여러 이유로 무너진 후, 저는 심한 자살 충동에 시달렸습니다. 당시 저의 첫 책은 불교 부문 베스트셀러였고, 다양한 곳에서 명상 지도자로서 강연 요청이 들어왔습니다. 사회적으로 잘 나가고 있었지만 다른 한편에선 약혼자, 직장, 가장 친한 친구를 잃은 슬픔에 허덕이고 있었어요. 완전히 망가진 상태였죠. 하나의 거대한 슬픔으로 찾아온 이 세 번의 상실을 명상으로 극복하고 싶었지만, 명상은커녕 침대에서 일어나는 것조차 힘들었습니다.

사회적 역할을 다하기 위해 파괴적인 방식으로 약물을 남용하기 시작했습니다. 마음의 작용에 대해 꽤 잘 알고 있었음에도 우울증은 자기 돌봄과 명상에 대한 제 의욕을 완전히 삼켜버렸습니다. 그 당시의 슬픔은 정말 말로 다 할 수 없습니다. 매일같이 옥상에 올라가 뛰어내릴까 고민했습니다. 첫 번째 책이 사람들에게 도움을 주고 있으니 자살하기 전에 출판사에서 요청한 두 번째 책을 마무리하는 것이 좋겠다고 스스로 설득했죠. 두 번째 책의 뒷부분을 쓰기 시작했고, 그 일에서 겨우 목적을 찾았습니다. 그리고 그 짧은 집필 기간, 저를 유심히 지켜보던 친구들이 무언가 잘못되었음을 알아차리고 어떻게 도울 수 있을지 물어보기 시작했죠.

유독 우울했던 날이었어요. 제 친구 로라(Laura)와 저녁 식사를 하기로 했는데, 정상적으로 살아가는 사람들로 가득찬 식당에 들어가는 것이 왜인지 끔찍하게 여겨졌습니다. 로라와 함께 날이 어두워질 때까지 공원 잔디밭에 앉아 있었습니다. 주변에선 노숙자들이 소변을 보고 쥐들이 슬며시 나타나 놀기 시작했죠. 로라는 매우 인내심 있게 기다려주었지만 저는 왠지 아무 데도 가고 싶지 않았습니다. 오랜 대화 끝에 그녀가 물었죠. "너 혹시 스스로를 해칠 생각도 해본 적 있니?" 왈칵 눈물이 터졌고, 일주일 후에 그녀와 주변 사람들의 도움으로 치료를 받게 되었습니다. 치료를 시작한 지 일주일 후에 다시 명상을 시작했고, 명상을 다시 시작한 지 일주일 뒤에는 규칙적으로 식사를 하게 되었죠. 그로부터 또 일주일이 지났을 땐 마침내 잠을 푹 잘 수 있게 되었습니다.

이 책에서 소개하는 명상법이나 '식음을 전폐하고 있다면' 장과 '잠이 오지 않는다면' 장이 도움이 되길 바라지만, 심각한 우울증을 겪고 있다면 이 책만으로 충분하지 않습니다. 상담이나 약물치료가 필요할 수도 있고, 둘 다 병행해야 할지도 몰라요.

명상이란 도구를 활용해 마음의 고통에 온전히 대처할 수 있다는 것은 의심의 여지가 없습니다. 하지만 명상이 모든 정신 질환에 만병통치약이 아니라는 점도 강조하고 싶습니다. 부처님도 "아무것도 하지 말고 화학적 불균형으로 계속 고통받으라."는 가르침을 하신 적은 없습니다. 정신 질환을 극복하는 데 명상이 도움이 될 수도 있지만, 이는 정식 처방이 이루어지는 약물치료에 대한 보조 수단으로 고려되어야 합니다.

우울증 판정을 받진 않았지만, 위기의 순간에 도움을 청한 덕분에 제 인생이 달라졌습니다. 수행자라고 해서 명상만 하면서 모든 것이 다 잘 풀리길 바라진 않습니다. 침대에서 일어나기 힘들 정도로 상황이 어렵다면 반드시 도움이 필요합니다. 도움을 구하는 것을 부끄러워할 필요도 없습니다. 조금이라도 우울증을 앓고 있거나 통제하기 어려울 정도의 감정 상태에 있다면, 가장 좋은 자기 돌봄 방법은 전문가의 도움을 받는 것입니다. 물론 명상 지도자도 도움이 될 수 있지만, 이런 순간만큼은 치료 전문가가 더 도움이 될 수 있습니다. 정신 질환을 치료하는 과정이 하나의 마음챙김 실습이 될 수도 있어요. 예컨대 한 시간 동안 상담을 한다면, 그 시간 동안 온전히 자신의 몸과 마음에서 표출되는 것을 있는 그대로 지켜보는 것이죠.

마음이 아플 때 그것을 혼자 감당해야 한다고 생각하지 마세요. 명상을 치료기법들과 병행한다고 해서 치료 효과가 약해지진 않습니다. 다양한 치료기법들은 각기 강력한 효능을 지닙니다. 세상에는 내가 괴로움을 헤쳐나가는 데 도움을 줄 훈련된 전문가들이 많이 있습니다. 도움 요청하는 것을 두려워하지 마세요.

도움을 구할 수만 있다면 완전히 어둡고 절망적인 순간도 찬란한 변화의 순간으로 바꿀 수 있습니다. 마음에 흉터가 남을 순 있지만, 궁극적으로 더 좋은 무언가를 얻을 수 있죠. 페마 초드론(Pema Chödrön) 스님이 이렇게 말한 적이 있습니다, "우울, 외로움, 배신감, 원치 않는 어떤 감정을 느낄 때, 그 순간들은 영적인 길에서 중요한 순간입니다. 그런 순간에서야말로 진정한 변화가 일어날 수 있습니다."[19] 언젠가 다시 예전처럼 돌아올 거라고 약속할 순 없지만, 당신이 괴로운 이 순간에야말로 진정한 변화가 일어나고 있다는 것은 분명하게 말할 수 있습니다.

로빈 윌리엄스가 코미디언이라고 해서, 유명인이라고 해서, 또는 유쾌한 사람으로 보였다고 해서, 그가 아무 내적 갈등도 없이 행복했다고 할 순 없습니다. 이런 맥락에서 괴로웠던 저의 지난날을 공유하고 싶었습니다. 자살 충동을 겪었던 지난날이 저의 명상 수련과 수행 경험, 불교 가르침에 대한 이해를 부정하진 않습니다. 다만 그것은 저도 그저 인간이고 다른 모든 이들과 지극히 마찬가지로 괴로움을 겪고 있다는 것을 보여주죠. 아무리 숙련된 수행자여도 누구나 괴로움을 겪을 수 있습니다. 로빈 윌리엄스는 스스로 생을 마감했습니다. 저는 다행히도 제때에 도움을 받았고, 더는 그때처럼 우울을 느끼지 않습니다. 그때의 경험 덕에 명상 수행과 붓다의 가르침을 향한 감사의 마음은 더욱 깊어졌죠. 그 이후로 제 삶은 여러모로 많이 변했습니다. 당신의 삶도 변할 거라고 확신합니다.

용서할 시간이 온 것 같다면

괴로움 이후 찾아오는 용서하고 싶은 욕구에는 두 가지 유형이 있습니다. 하나는 나에게 상처를 준 사람을 용서하고 싶은 욕구입니다. 다른 하나는 나 자신을 용서하고 싶은 열망입니다. 자신에 대한 용서는 모든 용서의 주춧돌입니다.

저는 본성적으로 화를 잘 내는 사람은 아닙니다. 다른 사람의 잘못을 들춰내서 화를 내고 상대를 내 인생에서 쫓아내는 성격도 못됩니다. 크게 소리치는 타입도 아닙니다. 입이 거친 사람들 주변에 있으면 조금 불편하기도 해요. 그러나 누군가가 제가 사랑하는 사람을 못살게 굴면 화가 많이 납니다. 또 누군가 많은 사람에게 피해를 줄 것이라고 예상되는 일을 할 때, 매우 공격적으로 변하고 그 사람에게 꽤 분노합니다.

저는 화가 날수록 시간과 여유를 갖습니다. 누군가를 바로 용서할 수는 없지만 몇 주 또는 몇 달 안에 용서할 수는 있더군요. 이것은 제가 매일 명상을 하는 것과 관련이 있습니다. 명상은 끊임없는 용서의 행위를 포함하니까요.

명상할 때 우리는 반복적인 용서의 기회를 얻습니다. 명상하는 사람은 숨에 주의를 집중하려는 마음과 함께 앉아 있습니다. 대체로 무슨 일이 일어날까요? 생각에 빠져버립니다. 그 순간, "아, 나는 역사상 최악의 명상가야!"라고 생각하며 스스로 꾸짖을 수도 있고, 생각에 빠져버린 자신을 가볍게 용서할 수도 있습니다. 생각은 머리가 습관적으로 하는 일이니까요. 생각은 자연스러운 현상이니까요.

명상 중에 생각이 떠오른다고 해서 나쁘거나 잘못된 것이 전혀 아닙니다. 작은 허물을 용서하고 다시 호흡으로 돌아가면 그뿐입니다. 이렇게 간단한 자기 용서를 반복하면 마음은 다른 사람을 용서하는 힘의 단단한 기초를 마련합니다.

티베트의 가장 위대한 성인인 밀라레파(Milarepa)의 삶은 용서에 관한 매우 강력한 메시지를 전합니다. 밀라레파는 어두운 과거를 가지고 있습니다. 어린 시절 아버지가 돌아가시자 밀라레파의 당숙과 당고모가 밀라레파 가족의 전 재산을 차지합니다. 분노한 그는 복수를 계획합니다. 그는 복수를 위해 여행을 떠나 흑마술을 배웁니다. 밀라레파는 당숙의 아들이 결혼할 때까지 시기를 기다립니다. 그리고 결혼식 당일 우박과 폭풍을 일으켜 결혼식에 참석한 수십 명의 사람을 살해합니다. 마을 주민들이 그를 쫓아오자, 그는 또다시 우박과 폭풍을 일으켜 그들의 경작지를 완전히 망쳐버리고 그들을 쫓아냅니다.

시간이 지나면서 밀라레파는 우박과 폭풍으로 사람들에게 보복하는 것이 자신의 괴로움을 해결하는 올바른 방법이 아니라는 것을 깨닫습니다. 정신을 차리고 자신이 초래한 해악을 깊이 반성하죠. 그는 자신의 악행을 참회하기 위해선 누군가의 도움이 필요하다고 여깁니다. 마침 그는 마르파(Marpa)라는 스승에 대한 소문을 듣고 그를 찾아나섭니다. 밀라레파는 우여곡절 끝에 마르파를 만나지만, 마르파는 당연히 많은 사람을 살해한 밀라레파에게 손쉽게 가르침을 전수할 생각이 없었습니다. 마르파는 가르침을 받기 위해선 먼저 매우 고된 육체노동을 해야 한다고 말하죠.

마르파의 요구에 따라 밀라레파는 홀로 돌을 쌓아 큰 탑을 짓게 됩니다. 몇 달 후, 탑이 완성되자 마르파는 돌 사이의 틈을 가리키며 말합니다. "여기에 왜 창문이 있지? 난 창문을 만들라고 하지 않았네." 물론 처음에 탑을 쌓으라고 할 때 마르파는 분명히 창문도 만들라고 했었죠. 밀라레파는 논쟁하지 않았습니다. 돌을 하나하나 허물고 몇 달 동안 다시 탑을 지었습니다. 탑이 다시 완성되었을 때 마르파는 모든 것이 잘못되었다고 말하며 탑을 또다시 무너뜨리도록 했습니다. 탑을 짓고 허무는 일이 여러 번 반복되었죠. 밀라레파는 과거를 참회하기 위해 몇 년이고 탑을 쌓고 허무는 일을 반복했습니다.

시간이 지나고 마르파는 이 모든 일이 밀라레파가 스스로를 용서할 시간과 여유를 주기 위함이었다고 밝힙니다. 밀라레파가 가르침을 온전하게 전달받기 위해선 자기 자신을 완전히 용서해야만 했던 것이죠. 자신을 용서하지 않은 상태로 밀라레파가 가르침을 받았다면, 그는 자신이 극악무도한 살인자라고만 여기며 가르침을 있는 그대로 받아들이지 못했을 테죠. 수행을 통해 자신을 용서하는 과정을 거쳤기에 온 마음으로 스승의 가르침을 소중히 받들고 따를 수 있게 된 것입니다. 가르침을 받은 밀라레파는 순식간에 깨달음을 얻고, 자신이 과거에 괴롭힌 사람들에게 진심으로 용서를 구하고 화해합니다. 그리고 이 모든 일의 첫 번째 단계는 자신을 용서하는 것이었습니다.

밀라레파처럼 우여곡절이 많은 과거를 지닌 사람도 죄책감과 자기 혐오를 극복할 수 있었습니다. 그러니 누구든 자신을 용서할 수 있습니다. 자신을 용서하는 과정에서 우리도 밀라레파와 같은 깨달음을 얻을 수 있습니다. 우리도 본질적인 지혜와 부드럽고 강한 본래 마음을 깨달을 수 있습니다. 밀라레파는 부드러운 미소를 띤 모습으로 자주 묘사됩니다.

용서하는 법을 배운 후 그는 진정한 기쁨과 깨달음을 경험했습니다. 우리도 똑같은 경험을 할 수 있습니다.

깨달음에 관심이 없더라도 언젠가는 전 애인이나 나에게 상처를 준 친구를 용서하고 싶지 않나요? 자신을 용서하는 힘은 타인을 용서할 수 있는 건강하고 강한 마음의 토대가 됩니다.

안도와 죄책감이 동시에 든다면

제 명상수업을 듣는 수강생 중에 로니(Ronny)라는 친구가 있습니다. 로니와 저는 단순히 명상에 대해서뿐만 아니라 일상의 여러 부분에서 수행이 어떻게 작용하는지, 연인 관계를 포함한 삶 전반에서 명상과 수행이 어떤 영향을 주는지 자주 이야기를 나눕니다.

얼마 전, 로니는 이별을 겪었어요. 오랜 숙고의 시간을 끝내고 마침내 이별이 결정되었을 때, 로니는 작지만 확실한 안도감을 느꼈다고 해요. 이전에도 헤어진 후에 오는 어떤 안도감에 관한 얘기를 많이 들었어요. 로니도 관계의 마침표를 찍은 후 약간의 안도를 느꼈죠. 물론 안도감과 함께 슬픔, 좌절, 그리고 또 다른 여러 감정들도 함께 느꼈지만요. 그의 문제는 자신이 안도감을 느낀 사실 때문에 죄책감도 함께 올라오는 것이었어요.

이런 상황을 너무 자주 목격했기 때문에, 저는 이 감정도 하나의 독립된 카테고리를 이룰 자격이 있다고 생각합니다. 이 감정을 안도-죄책감(Relief-guilt)이라고 하죠. 안도-죄책감은 어떤 대상과 이별을 하면서 약간의 해방감을 느끼지만, 동시에 나는 지금 괴로워야 할 책임이 있다고 여기며, 상대가 현재 괴로워하는 모습을 보며 죄책감을 느끼는 상황을 말합니다.

나는 내가 느끼는 대로 느끼면 그뿐입니다. 이것은 좋은 것도 아니고 나쁜 것도 아닙니다. 스스로를 지금 느껴지는 감정으로부터 차단하고자 하는 감정만이 유일하게 나쁜 감정입니다. 안도감을 느낀다면 안도하세요. 죄책감이 생긴다면 그것을 인지하세요. 하지만 죄책감이 안도감을 방해하게 하지는 마세요. 어차피 다른 사람들은 내가 무엇을 어떻게 느끼는지 알 수 없습니다. 대형 광고판에 써 붙이지 않는 이상 말이죠. 이마에 내가 무엇을 느끼고 있는지 붙어 있는 것도 아니고요. 타인을 방해하는 것도 아니고 괴롭히는 것도 아니니까요. 그저 안에서 올라오는 느낌을 느껴주면 됩니다. 다시 말하지만, 지금 느끼는 것을 온전히 느끼세요.

상충하는 감정이 동시에 든다고 내가 나쁜 사람이 아니라는 점도 분명히 기억해두세요. 여태 공개적으로 말하지 않았던 이야기지만, 이 책을 통해 처음 밝히네요. 아버지가 돌아가셨을 때 저는 안도-죄책감을 느꼈습니다. 아버지는 제 인생의 절반이란 시간 동안 병마와 싸우셨고, 돌아가실 즈음엔 정신도 점점 흐려지셨어요. 아버지의 몸은 오래전부터 성치 않으셨지만, 자신의 명료한 정신만큼은 늘 자랑스럽게 여기셨죠. 아버지가 분명하게 자신을 표현할 수 없게 되는 지경에 이르렀을 때, 그게 아버지에게 얼마나 고통스러운 일인지 알고 있었습니다. 아버지가 돌아가시고, 슬픔에 통곡하면서도 약간의 안도감을 느꼈습니다. 그렇게 느꼈다는 것 자체가 죄책감이 들었지만, 안도를 느낀 것이 분명한 진실이었고, 그것 때문에 제가 나쁜 아들이 되는 것은 아니라고 생각합니다.

죄책감이 당연한 순간들도 있습니다. 연인을 속이고 바람을 피웠다거나, 누군가와 완전히 관계를 끊었을 때 죄책감이 드는 것은 당연합니다. 하지만 언젠가는 자신을 용서할 필요가 있습니다. 나 자신을 용서하는 과정에서 안도와 죄책감을 동시에 느끼다가도 오로지 죄책감만 드는 순간도 있겠지만요. 하지만 결국 죄책감에서 벗어나 온전하게 안도하는 날이 올 거예요. 용서가 필요하다면 '용서할 시간이 온 것 같다면' 장을 참고하세요.

감정은 많은 것을 가르쳐 줍니다. 안도감은 우리가 올바른 결정을 내렸다는 걸 알려주죠. 이런 감정 상태를 받아들이는 것은 치유로 나아가는 의미 있는 한 걸음이에요. 로니처럼 충돌하는 두 감정을 동시에 느껴도 괜찮아요. 이런 상태를 있는 그대로 수용하세요. 시간이 흐르며 모든 감정이 변하고 새로운 모습으로 나타난다는 것을 깨닫게 될 겁니다.

다시는 누구도 믿지 못할 것 같다면

어릴 적부터 불교 집안에서 자란 저에게 믿음이란 참 흥미로운 주제입니다. 불교에서는 구원을 바라며 외부의 신에게 의지하지 않습니다. 불교는 신으로부터 구원을 바라는 종교 전통이 아닙니다. 절에서 볼 수 있는 화려하고 복잡한 그림, 불상, 구조물 등 다양한 상징물도 사실은 우리 내면에 있는 특성을 상징합니다. 그렇다면 불교 수행자는 다양한 명상과 수행을 하면서 무엇을 믿을까요? 불교 수행자는 자신의 본질적인 지혜를 믿습니다.

사랑에 있어선 다른 이에게 신뢰를 주기 전에 먼저 자신에 대한 확고한 신뢰를 쌓아야 해요. 오랜 시간 함께하다가 상대가 갑자기 내 삶에서 사라졌다면, 그동안 느꼈던 모든 감정이 진짜였는지 의심할 수 있습니다. 자신의 경험조차 믿을 수 없게 되고, 이 모든 기쁨과 사랑이 내 마음속의 착각이었나 싶을 수도 있죠.

착각이 아닙니다. 내가 느끼는 감정은 내가 진짜로 느낀 것이고, 그것이야말로 나에게 진실이었죠. 분명히 주관적인 현실이 그러했습니다. 누군가 나를 떠났다고 해서 내가 그 사람에게 느낀 것들이 틀렸다는 뜻이 아닙니다. 그저 상대방의 상황이 내가 예상하지 못한 방향으로 변했을 뿐이죠. 비록 결과가 실망스러울 순 있지만, 그렇다고 해서 자기 자신이나 자신의 경험을 믿지 못할 이유는 없습니다.

시간은 상처를 치유해주고, 우리는 결국 다시금 자신을 믿게 됩니다. 그 사람과 함께 찍은 사진을 보며 그 사람이 그날 해준 다정한 말들을 아무렇지 않게 떠올릴 수 있게 되고, 그냥 문득 내 유머나 친절함이 돋보이는 날이 오기도 하죠. 바에서 친구가 어깨를 툭 치며 "왜 아까 그 사람한테 번호 안 줬어? 분명 너한테 관심 있어 보였는데."라고 말하는 날이 오기도 하고요. 이런 순간들을 통해 우리는 모두가 이미 알고 있던 사실을 깨닫게 됩니다. 나는 여전히 가치 있고, 멋지고, 생기발랄하고, 많은 이들에게 매력적인 사람이란 사실 말이죠. 어쩌면 당신은 지금 이 순간, 자기 자신을 믿어야 한다는 이 구절을 읽으며 자신을 진짜로 믿게 될지도 모르죠. 자신을 깊이 이해하고자 하면 있는 그대로의 온전함에 대한 믿음을 회복할 수 있습니다.

물론 신뢰 방정식의 다른 면도 있습니다. 누군가에게 상처를 받아서 다른 사람들을 신뢰할 수 있을지 확신이 서지 않을 수 있습니다. 어떤 사람이 나에게 관심을 보이지만 그 사람도 전 애인처럼 상처를 줄 수 있으니까요. 하지만 애초에 우리가 다른 사람 앞에서 연약해져야 할 특별할 이유가 있나요?

믿음에 어려움을 겪는 이유를 이해해요. 하지만 언젠가는 사람들을 마음속으로 들여야 해요. 왜냐하면, 그게 인생이니까요. 상처가 아무는 과정에서 다른 사람들과 연결되면서 오는 기쁨을 발견하게 되고, 그 연결을 통해 다시금 신뢰가 자라납니다. 마음을 나누고자 하는 건 인간으로서 당연한 본능입니다. 우리 모두 사랑을 사랑합니다. 사람은 누구나 솔직하고 진실한 관계를 갈망합니다. 그러니 언젠가는 분명 다른 사람을 다시 신뢰할 수 있는 상황이 올 거예요. 용감한 우리는 타인에게 다시 기회를 줄 겁니다.

그래요, 어쩌면 다시는 상처받지 않기 위해 누구도 믿지 않으리라 발버둥치고 있을지도 모릅니다. 불신의 대상이 자신이든 타인이든 간에 말이죠. 하지만 사람들은 계속해서 나와 관계를 맺기를 시도할 거고, 결국 언젠가는 나의 마음도 자연스럽게 그들을 향해 열리게 될 거예요. 마음을 다시금 타인에게 열어보이는 것이 과거의 상처를 부정하는 것은 아닙니다. 그렇다고 이전과 똑같은 실수를 반복하게 될 운명이라는 뜻도 아니고요.

누군가 티베트 불교의 큰 스승인 초감 트룽파 린포체(Chögyam Trungpa Rinpoche)에게 업(業, karma)이 어떻게 작용하는지 물었어요. 그는 이렇게 대답했죠. "지금까지 모든 것이 정해져 있었습니다. 지금부터 정해진 건 아무것도 없습니다." 누군가를 믿기 어려운 것은 과거의 모든 아픔과 상처를 원인으로 미리 정해진 것일 수도 있습니다. 하지만 바로 지금 이 순간, 마음을 열고 다시 믿음을 선택할 수도 있습니다.

슬퍼할 자격이 없다고 여겨진다면

당신은 슬퍼할 자격이 있습니다. 어차피 감정을 마음대로 바꿀 수도 없습니다. 때로는 원치 않는 사람을 사랑하게 되기도 하고, 이해할 수 없는 일로 인해 마음이 아프기도 합니다. 방금 저의 절친 엘리(Ellie)가 글을 쓰고 있는 저에게 다가와선, 짧았던 인연이지만 큰 상실감을 안겨주는 경우도 책에 쓸 건지 물어봤어요. 정말 중요한 주제라고 생각합니다. 고마워, 엘리.

   제가 살면서 경험한 로맨스는 두 가지 유형으로 나눌 수 있습니다. 빠르고 뜨겁게 타오르다가 상대를 정말로 알아갈 즈음 끝나버리는 경우가 있고, 마찬가지로 서로에게 뜨겁게 빠져들지만 점차 편안한 동반자로 발전하는 관계가 있죠. 관계가 얼마나 지속됐는지는 슬픔이나 상실감의 크기와 전혀 상관이 없습니다.

   사람들은 흔히 이별의 후유증을 극복하는 데 필요한 시간이 상대와 함께했던 시간과 비례한다고 공식처럼 말하곤 합니다. 예를 들면, 그 사람과 함께했던 시간의 절반은 지나야 마음이 완전히 치유된다는 식이죠. 누군가와 1년 동안 함께 했다면 그 사람을 잊는 데 6개월은 걸린다는 식이죠.

저는 이런 공식이 말도 안 된다고 생각해요. 오래된 관계가 자연스럽게 끝이 나고 비교적 쉽게 슬픔이 가시는 일도 있습니다. 관계가 성숙했던 만큼 서로에 대한 배려와 여유가 있기 때문이죠. 반대의 경우로, 저는 4개월간의 관계가 갑자기 끝나서 크게 상심했던 적이 있어요. 이때 이별이 유독 충격적이었던 이유는 제가 관계의 발전에 대해 크게 착각했던 탓이었습니다. 커플로서 함께하게 될 미래에 대한 잘못된 기대가 슬픔에 크게 한몫했지요. 그 사람이 우리 관계에 제대로 된 기회를 주지 않았다는 사실에 대한 좌절감도 있었죠. 많은 생각이 머릿속을 맴돌았지만, 결국 그 관계는 제대로 시작하기도 전에 끝났습니다. 그렇지만 그 사건은 제 마음에 제대로 상처를 냈습니다. 이별의 후유증 기간이 관계가 지속했던 기간과 비례한다는 공식은 제 경험상 전혀 맞지 않습니다.

아, 그리고 우리는 별거 아닌 것처럼 보이는 일에 슬퍼할 권리도 있습니다. 이별 인터뷰에선 많은 사람이 연인 사이의 이별 이야기를 하러 왔다가 오래전에 죽은 가족이나 반려동물 이야기를 하다가 갔습니다. 오래전 일이라고 해서, "그저 고양이일 뿐"이라고 해서 깊은 슬픔을 느낄 이유가 없다고 생각할 수 있지만, 그들의 슬픔은 분명히 존재하는 진실이었습니다. 그 슬픔을 함께 나눌 수 있어서 영광이었고요.

  무엇 때문에 마음이 아프건, 얼마나 오래되었건, 슬픈 건 슬픈 겁니다.

사랑하는 사람이 죽었을 때 무슨 일이 일어나는지 궁금하다면

죽음 이후에 무슨 일이 일어나는지 저도 전혀 모릅니다. 그래도 죽음은 잘 압니다. 사랑했던 존재 중 많은 이가 죽었습니다. 사랑하는 반려견이 죽은 지 하루가 지나 이 글을 쓰고 있네요. 앉아서 생각을 정리하고 있어요. 답할 수 없는 질문 하나가 자꾸 떠오릅니다. 그녀에게는 이제 무슨 일이 일어나는 걸까?

 모릅니다. 불교의 오래된 세계관에 따르면 그녀는 여섯 가지 존재의 영역 중 하나에 다시 태어날 수도 있겠네요. 신의 세계, 질투심 많은 신의 세계, 혹은 인간으로 태어날 수도 있고, 다시 동물이 될 수도 있고, 굶주린 귀신으로 고통받거나, 지옥에 태어날지도 모르겠네요.* 이 영역들이 실제로 존재한

---

* 육도윤회六道輪廻: 중생은 업에 따라 천상도, 수라도, 인간도, 축생도, 아귀도, 지옥도에 다시 태어난다는 믿음.

다면, 다음 생엔 그녀가 인간으로 태어나서 진리를 공부하고 수행할 수 있기를 바랍니다. 이 여섯 세계 중 인간으로 다시 태어나는 것이 가장 좋다고 합니다. 인간은 마음을 써서 깨달음을 추구하고, 괴로움의 굴레로부터 자신을 해방할 수 있기 때문이죠. 이 영역들이 실제로 존재하는지 확실히는 모르겠습니다. 인간과 동물의 영역만 눈으로 직접 보았으니까요.

그래도 세 가지는 확실히 압니다. 그녀는 좋은 삶을 살았습니다. 우리는 함께 행복한 시간을 보냈습니다. 그녀는 자신이 사랑받고 있다는 것을 알았습니다.

감당할 수 없는 슬픔과 괴로움의 한가운데서도 이런 사실들이 위안이 되네요. 최근에 사랑하는 이를 잃었다면 이 세 가지가 그에게도 해당하는지 생각해보세요. 만약 이 세 가지에 다 해당한다면 꽤 괜찮은 죽음이 아닐까요?

모든 것을 놓아줄 때가 된 것 같다면

사콩 미팜 린포체(Sakyong Mipham Rinpoche)는 제가 아는 가장 지혜로운 존재 중 한 사람입니다. 그는 괴로운 경험을 내려놓는 방법에 대한 간결한 공식을 제시한 적이 있습니다, "사랑에 여유가 섞이면 그것을 '놓아주기(letting go)'라고 한다."[20]

괴로움에서 벗어나고 싶다면 삶에서 사랑과 여유를 늘려보세요. 둘 다를 늘려봐도 좋고, 하나만 늘려봐도 좋습니다. 어떤 일이 일어나는지 관찰해보세요.

사회로부터 상처받았다면

먼저 제가 이 사회 때문에 심히 마음 아프단 사실을 밝힙니다. 당신이 몇 년도에 이 책을 읽고 있는지는 모르겠습니다만, 저는 지금 경찰의 만연한 폭력으로 너무나 많은 유색인종 사람들이 목숨을 잃은 사실에 마음이 아픕니다. 말도 안 되는 빈부격차에 마음이 아프고, 정치 시스템도 매우 망가졌다고 생각해요. 당신이 이 책을 읽고 있는 시대에선 외계인들이 우주의 국경을 어떻게 왜곡했고, 그래서 지구인들이 제대로 된 일자리를 구할 수 없다고 주장하는 뉴스가 나오고 있을지도 모르겠네요. 모르겠어요. 하지만 만약 당신이 여러 사회 문제로 인해 마음이 아프다면, 그리고 제가 아직 살아 있는 시대라면, 당신이 혼자가 아니라는 것을 알아주세요.

세상엔 부조리로 인한 괴로움이 가득합니다. 그래서 우리는 때로 슬픔에 깊이 빠져들기 쉽고 괴로움에 압도당하기도 합니다. 저 역시 때때로 그렇습니다.

괴로움으로 가득 찬 세상에 압도될 때, 제 스승인 사콩 미팜 린포체(Sakyong Mipham Rinpoche)가 사회에 대해 했던 말을 떠올리곤 해요. 그는 단지 두 사람이 차를 마시는 것조차 사회라고 했죠. 이 말을 자주 곱씹게 됩니다. 만약 당신과 제가 차담을 나누기 위해 자리에 앉는다면, 이 시간에 우리는 두 가지 선택을 할 수 있습니다. 하나는 자리에 없는 사람들을 비방하고, 비난하고, 우리의 고통과 그 책임이 누구에게 있는지에 대해 불평하는 것입니다. 다른 하나는 우리가 진심으로 어떻게 다른 사람들을 돕고 있으며, 우리 동네를 더 나은 곳으로 만들기 위해 무엇을 하고 있는지 이야기하는 것이죠. 전자의 경우는 아마 핸드폰을 자주 확인하며, 두려움과 산만함에 뿌리를 둔 무의식적 패턴으로 서로를 무시할지도 몰라요. 후자의 경우는 서로에게 완전히 주의를 두고 진정성 있게 대화를 나눌 테고요. 어느 쪽이든 두 사람이 차담을 나누는 상황도 하나의 사회라고 할 수 있습니다.

자, 이제 여기서 재미있는 일이 이어집니다. 당신과 저는 차담이 끝나고 밖으로 나가 다양한 사회 속에서 일상을 이어 나가죠. 당신은 가족이 기다리는 집으로 돌아간다고 가정해 보죠. 그곳은 당신과 배우자, 아이들로 이루어진 작은 공동체입니다. 저는 제 명상 스튜디오로 돌아가서 직원들, 수강생들과 함께 일상을 나누겠죠. 명상 스튜디오도 하나의 작은 사회죠.

당신과 저는 차담에서 나눈 에너지를 다른 사회로 가지고 갑니다. 산만하게 남들을 깎아내리며 차를 마셨다면 부정적인 감정 상태를 이어가겠죠. 집에 들어가서 배우자에게 쉽게 짜증이 나고 화가 날 겁니다. 한편 저는 명상수업 중에 참가자들을 세밀하게 살피지 못하고 심지어는 무관심할 수도 있습니다. 이와 달리 차분하게 진정성 있는 차담을 나눴다면, 당신은 집에 들어가며 배우자에게 "오늘 하루 잘 지냈어?"라고 따뜻하게 물으며 애정 담긴 진실한 대화를 이어가겠죠. 저는 스튜디오로 돌아가서 참가자들이 필요로 하는 것을 세심하게 알아차리고 그들이 지금 어떤 상태에 있는지 주의 기울이며 명상수업을 이끌어갈 테고요.

이제 당신의 배우자와 제 명상수업 참가자들은 그 에너지를 가지고 또 다른 사회로 나가서 다양한 방식으로 활동합니다. 우리가 차를 마시며 만든 사회는 당신의 가족이라는 사회에 영향을 주었고, 제 직장이라는 사회에도 영향을 주었죠. 이곳에서 우리가 사람들과 나눈 교류는 그들이 속한 다른 사회에도 영향을 주게 됩니다.

모든 행동은 고요한 물에 돌을 던지는 것처럼 물결과 파동을 만들어냅니다. 로버트 케네디(Robert Kennedy)가 이런 내용으로 아름다운 연설을 하기도 했죠. 우리의 행동이 어디로 어떻게 퍼져나갈지 다 알 수는 없습니다. 나의 작은 행동이 전체 사회에 미치게 될 모든 잠재적 영향을 완벽히 알 수는 없을 겁니다.[21] 그렇지만 확실히 알 수 있는 것도 있죠. 내가 속한 작은 사회에서 나를 더 온전하고 진실한 모습으로 드러낼 때, 그 작은 사회는 내가 영 못되게 굴 때보다 훨씬 좋은 모습이 됩니다. 아래는 우리가 보통 완전한 사회라고 여기지 않지만, 실은 그 자체로 완전한 사회들입니다:

- 가족
- 봉사단체
- 연인관계
- 직장
- 동호회 또는 동아리
- 요가, 운동, 명상 커뮤니티

내가 속한 이렇게 작은 사회들에 대해 사유해봅시다. 나는 평상시 이곳의 사람들과 어떻게 상호작용하고 있나요? 나는 그들과 함께 어떤 세상을 창조하고 있나요?
"함께 창조한다"라는 말은 무슨 뜻일까요? 제 명상수업에 오랫동안 참여 중인 니콜(Nicole)을 예로 들어봅시다. 그녀는 사랑하는 가족과 함께 사는 임상 간호사입니다. 어느 날 그녀와 저, 몇몇 친구들은 구글 행아웃(Google Hangouts)으로 대화를 하고 있었습니다. 그녀는 저녁에 집에서 가족과 충분한 시간을 보낼 수 없다며 슬퍼했습니다. 회사 사람들이 근무 시간 외에도 밤늦게까지 이메일을 주고받기 때문이었죠. 니콜은 사람들이 밤늦게 이메일을 주고받는 것을 멈췄으면 좋겠다고 말했습니다.

제가 물었죠, "너희 사무실에서 몇 명이나 일하는데?"

"열 명," 그녀가 대답했죠.

자, 이제 계산해 봅시다. 니콜은 그녀의 직장에서 열 명 중 한 명입니다. 그녀의 직장에는 이미 전제된 가치가 있습니다. "우리는 생산적이고, 이를 위해 언제 어디서든 이메일로 소통한다"라는 가치이죠. 니콜은 이것이 바람직한 가치가 아니라고 생각합니다. 그녀는 생산적이길 원하지만, 여가를 희생하고 싶진 않습니다. 만약 그녀가 한 동료에게 접근해서 밤늦게까지 업무 관련 이메일을 주고받지 말자고 설득한다면, 이미 이 작은 사회의 20%가 밤낮없는 이메일 활용 정책에 반대하게 됩니다. 만약 누군가가 휴게실에서 이와 관련된 이야기를 듣고 자신도 퇴근 후 업무 관련 이메일 소통을 하지 않기로 마음먹을 수도 있겠죠. 자, 그럼 벌써 30%가 됩니다. 이 30%는 회의에서 이 문제를 정식 안건으로 제기할 수 있겠죠. 그렇게 니콜의 의견은 다수의 의견이 되고 오후 5시

이후에는 모두가 업무 관련 이메일을 보내지 않게 될 수도 있습니다.

니콜은 처음에 밤 8시에 사람들에게 이메일이 와도 거기에 답장을 보내지 않아도 될 권리가 자신에게 있다는 것을 알지 못했습니다. 하지만 진실은 다릅니다. 간단한 진실이죠. 우리는 항상 사회를 만들고 있습니다. 우리가 누군가와 상호작용할 때마다 새로운 사회가 만들어지고 있습니다. 나아가서 우리가 작은 사회에서 어떻게 행동하는지가 전체 사회에 늘 영향을 주고 있습니다.

직장의 이메일 정책을 바꾸는 것이 사소해 보일 수 있지만 이로 인해 열 사람이 저녁 시간을 더 자유롭고 의미 있게 보낼 수 있게 됩니다. 그중 누군가는 교회, 동물 보호소 등에서 자원봉사 활동을 하는 데 더 많은 시간과 정성을 쏟을 수 있게 되겠죠. 또 다른 누군가는 퇴근 후 자신이 중요하게 여기는 일을 연구하다가 어떤 위대한 발명을 해낼 시간을 가질 수 있을지도 모릅니다. 작은 변화가 어떤 거대한 파도가 되어 퍼져나갈지는 알 수 없지만, 세상에 긍정적인 영향을 미칠 거라는 점은 확신할 수 있습니다. 직장에서 이메일 정책을 바꾸는 것처럼 간단한 일도 매우 큰 파급 효과를 가져올 수 있습니다.

우리 사회의 문제, 시스템의 부조리에 압도될 때일수록 우리가 마음을 열고 다른 사람들, 특히 주변 사람들에게 가능한 한 진실하게 다가갈 수 있기를 바라봅니다. 작은 마음가짐, 작은 행동들이 내가 생각하는 것보다 훨씬 큰 차이를 만들어냅니다. 작은 일에 온 마음을 다할 때, 작든 크든 그것은 삶에 본질적인 변화를 가져옵니다.

  운이 좋게도 올해 백악관 직원들에게 강연할 기회가 있었습니다. 외부 강연을 다녔던 대부분의 사무실과 마찬가지로 백악관 직원들도 매우 즐거워 보였지만 한편으론 완전히 스트레스를 받고 있었어요. 이 책에서도 언급한 기본적인 명상 가이드로 그들과 함께했고, 그들의 마음이 부드러워지길 바랐습니다. 그런 다음 이 장에서 말한 내용을 그들에게 똑같이 전달했죠. 그들이 매우 강력한 영향력을 지닌 직장 환경, 사회 환경을 언제나 함께 창조하고 있다는 사실을 깨닫게 해주고 싶었습니다. 그 사실 자체가 백악관 직원들 사이에 있던 약간의 긴장감을 해소하는 듯 느껴졌어요. 자랑하거나 저 자신을 칭찬하려고 이 이야기를 하는 것이 아닙니다. 우리는 사회를 창조하는 데 늘 참여하고 있으며, 어떻게 그 과정에 참여하느냐에 따라 더 많은 긍정적인 변화를 일으킬 수 있습니다. 작은 행동의 파급 효과는 우리가 단정하는 것보다 훨씬 크다는 사실을 강조하고 싶습니다.

여전히 사랑을 줄 수 있다면

이별과 상처를 겪고도 상대에게 마음을 닫지 않는 경우가 있습니다. 정말 인상적이고, 기적적이기까지 하죠. 이별 인터뷰에서 만난 57세 남성 데이비드(David)가 그의 이야기를 나누어주었어요.

데이비드는 고등학교 때 도나(Donna)를 만나 사랑에 빠졌고, 둘은 첫경험도 함께했죠. 그렇게 어린 나이에 천생연분을 만난 것이 마법 같았고, 둘은 평생을 함께할 것만 같았죠. 데이비드와 도나는 같은 대학에 진학할 계획을 세웠습니다. 도나가 데이비드보다 한 학년 위였기 때문에 먼저 고향을 떠나야 했지만 두 사람은 장거리 연애를 이어나갈 생각이었어요. 데이비드는 도나의 대학 첫 학기가 몇 달 지난 후에야 그녀를 만나러 갈 수 있었죠. 그래도 5시간의 버스 여행을 즐기며 그녀를 다시 만날 생각에 설렜습니다.

데이비드가 도착했을 때 뭔가 이상했습니다. 분위기가 전혀 맞지 않았어요. 그는 사랑 표현을 있는 힘껏 했지만 도나로부터 같은 정도의 사랑을 느끼지 못했습니다. 도나의 룸메이트는 둘을 위해 그날 밤 자리를 비워줬고, 데이비드는 둘이 함께할 밤을 기대하며 가슴이 크게 부풀었죠. 어쩌면 상황이 나아지고 있을지도 모른다고 생각했어요. 그러나 그날 밤 그녀의 방에서 도나는 데이비드에게 이별을 고합니다.

데이비드가 둘이 세운 계획에 충실히 따르고 있는 동안 도나는 대학에서 완전히 새로운 삶을 시작했죠. 그녀의 새로운 일상에는 두 살 연상의 새 남자친구 레이(Ray)가 있었죠. "걔 이름은 레이야." 도나가 말했습니다(제가 데이비드의 이야기를 듣고 있는 순간은 2015년이었지만, 그가 40년 전 도나가 사용했던 어조를 아직도 기억하고 똑같이 따라 하고 있었단 걸 직관적으로 알 수 있었어요). 도나의 말은 그의 가슴속에 새겨져 매일같이 반복되었고, 데이비드는 자신이 인정하기 싫을 정도로 오랫동안 그 순간에 사로잡혀 있었다고 합니다. 그날 밤 도나는 레이에게 갔고, 데이비드는 밤새 그녀의 침대에서 울었습니다. 데이비드의 계획은 완전히 망가졌고, 그는 자신의 천생연분을 잃었다고 믿었어요. "세상이 끝나는 것 같았죠." 다음 날 아침, 도나는 레이를 보내 데이비드가 괜찮은지 확인해 보도록 했어요. 데이비드가 눈을 떴을 때, 레이의 개가 데이비드의 얼굴을 핥고 있었어요. 레이는 옆에서 웃고 있었죠.

데이비드는 집으로 돌아와 엄청난 실연의 괴로움을 겪었어요. 최악인 것은, 그가 대학에 조기 지원해서 붙었다는 것이죠. 그는 바로 다음 해에 도나와 레이와 같은 학교에 다니게 된 것이죠. 데이비드는 도나를 완전히 포기하지 않기로 했습니다. 도나를 다시 만나게 되었을 때 그는 그녀를 우정과 유머로 대했습니다. 연인 관계는 끝났지만, 데이비드는 그녀와 어떤 관계라도 유지하고 싶다고 생각했어요.

도나와 데이비드의 우정은 계속되었습니다. 도나와 레이는 결국 헤어졌고, 훗날 도나는 다른 남성과 결혼했죠. 데이비드도 다른 여성과 결혼했고요. 둘은 서로의 결혼식에 하객으로 참석할 정도로 가까운 친구 관계를 유지했습니다. 시간이 흘러 자녀를 갖게 되었을 땐, 서로 상대 자녀의 대부모(godparents)가 되어주었습니다. 데이비드가 이별 인터뷰를 하러 간다고 도나한테 말했을 때 그녀가 이렇게 물었다고 해요. "괴로움에서 좋은 일이 엄청 많이 생겨났다면, 그게 진짜 괴로움일까?"

괴로움은 괴로움이 맞습니다. 마음의 고통은 현실이죠. 그것이 언제나 영구적인 상처로 남는 것은 아니지만요. 데이비드처럼 상처를 극복하고 자신을 상처 입힌 사람에게 여전히 사랑을 줄 수 있는 사람은 드뭅니다. 하지만 그가 그렇게 할 수 있었단 사실이 기쁩니다. 데이비드의 이야기는 사랑이 어떻게 변하는지 잘 보여줄 뿐만 아니라, 사랑이 어떻게 전혀 예상할 수 없는 방식으로 인생을 변화시킬 수 있는지도 보여주니까요. 데이비드가 말하길, 그의 삶에는 정말 다양하고 훌륭한 사랑의 경험이 많았지만, 그 모든 사랑이 어린 시절 도나와의 경험이 있었기에 가능했다고 합니다. 그 경험은 괴로움이었고, 그로부터 좋은 일들이 수없이 많이 비롯되었죠.

데이비드는 여전히 매년 12월 8일 도나에게 안부 전화를 한다고 해요. 둘이 첫경험을 한 날에 말이죠.

받아들일 수 있다면

어떤 시점이 지나면 반드시 슬픔과 비애도 변하게 될 거예요. 나에게 일어난 일과 화해할 날이 오는 거죠. 어린 나이의 아들을 잃은 어느 어머니와 이야기를 나눈 기억이 납니다. 그녀는 정말 긴 시간 동안 통탄에 빠져 있었죠. 아들을 잃은 지 몇 년 후, 어느 날 그녀는 웃고 있는 자신을 알아차리고 깜짝 놀랐다고 해요. 친한 동료들과 또 남은 가족들과 함께 있을 때, 이따금 미소 짓고 있는 자신을 발견한 것이죠. 그녀는 미안한 마음이 들었어요. 아들이 더 이상 자신의 삶에 존재하지 않음을 받아들이기 시작한 것에 대해 죄책감이 들었죠. 그렇지만, 그녀는 알고 있었어요. 아들이 하늘나라에서 엄마가 행복하길 바라는 것을. 아들은 엄마가 가능한 한 많이 웃길 바란다는 사실을. 그녀는 비극을 수용했고, 나아지고 있었죠.

수용하는 마음이 어떻게 발현되든 괜찮습니다. 작은 수용의 파도가 하나둘 마음에 닿아서 천천히 상처가 부서질 수도 있고, 이제 나는 괜찮다는 큰 깨달음의 전구가 어느 날 갑자기 반짝 하고 머리 위에서 빛날 수도 있습니다. 어느 경우든, 당신의 마음이 회복되어가고 있어 기쁩니다.

삶은 소중하다

모든 것이 그렇듯 삶도 일시적입니다. 이 글을 읽고 있다는 것은 오늘이란 또 다른 하루를 살아가는 행운을 누리고 있다는 뜻이지요. 이 하루를 무엇을 하며 어떻게 보낼지는 온전히 나의 선택입니다. 상심에 빠져 온종일 슬퍼할 수도 있고, 조금은 자신을 친절히 대할 수도 있습니다. 또는 누군가와 진심 어린 관계를 맺을 수도 있고요. 하루에 할 수 있는 일은 정말 많습니다. 삶을 소중히 여겨주세요.

또다시 올 이별의 아픔

어느 날 저녁, 이 책을 쓰고 있을 때 브렛(Brett)이란 친구에게 전화가 왔어요. 그는 공항으로 가는 길이었죠. 브렛은 국무부에서 일해서 외교 사절로서 해외 곳곳으로 몇 년씩 파견되곤 하죠. 브렛과 저는 십 년 넘게 알고 지냈고 매우 가까운 사이입니다. 그가 국내로 돌아온 지 얼마 안 되었고, 한 달에 한 번쯤은 볼 수 있겠다고 생각하던 차였습니다.

"비행기 타러 가는 길이야." 그가 말했습니다. 그 날이 무슨 날인지 그제야 깨달았죠. "잘 지내고 있어. 3년 동안 두바이로 발령이 났어." 우리는 20분 동안 이야기를 나누었고 사내답게 "보고 싶을 거야.", "사랑해."라고 말하며 대화를 마쳤죠. 전화를 끊고 나니 오랜 시간 동안 절친한 친구를 볼 수 없다는 사실에 가슴이 아팠습니다.

그래서 그 감정과 함께 있었습니다. 그냥 두었습니다. 싸우지 않았고, 그래서 지금은 괜찮습니다.

아내와 저녁에 외식을 나가서 무슨 일이 있었는지 전부 말했죠. 내가 느끼는 슬픔을 있는 그대로 목소리로 냈습니다. 머릿속을 맴도는 별의별 시나리오를 끌어들이지 않았습니다. "브렛은 새로운 친구들을 많이 사귀고 날 다시 볼 일이 없으니 신경도 쓰지 않을 거야."라든지 "우리 우정은 끝났어."와 같은 이상한 의심으로 가득 찬 생각들이 제 마음을 스쳐 지나갔지만 말이죠.

슬픔과 함께 밤을 보냈고, 필요한 만큼 여유를 가졌죠. 잘 먹었고, 평상시보다 더 오래 잤습니다. 다음 날 아침엔 길게 산책을 했습니다. 저 자신을 돌보는 것만으로 이 작은 슬픔은 금세 지나갔죠. 친구가 보고 싶겠지만, 그 또한 괜찮습니다. 친구를 향한 사랑과 우정은 여전히 남아 있으니까요.

일상 속의 작은 슬픔을 겪으면서 인생의 큰 슬픔에 대비할 수 있습니다. 작은 슬픔에 충분한 주의를 기울이면서, 억누르거나 도망치지 않고, 슬픔을 온전히 헤쳐나가는 법을 익힐 수 있습니다. 슬픔을 통과하면서 슬픔은 분명히 치유된다는 자신감을 쌓을 수 있습니다.

언젠가는 또다시 친근한 사람이 세상을 떠날 일이 있을 거예요. 아마 어떠한 형태로든 이별이 있을 거고요. 삶이 주는 다양한 형태의 실연으로 인해 괴로울 겁니다. 이때마다 마음을 열고, 상실을 수용할 수 있는 공간을 주도록 해요. 다가오는 모든 이별의 괴로움에 마음을 다해 주의를 기울이고 자신을 돌볼 때, 우리는 상실도 수용할 수 있게 됩니다.

인생 전체가 이별의 아픔을 실습하는 과정입니다. 이 사실을 인정하든 말든 사랑하는 사람과의 이별은 피할 수 없어요. 매일매일 이를 직면함으로써 괴로움의 진리는 나의 일부가 됩니다. 그렇게 되면 더는 회피하지 않아도 됩니다. 이별의 괴로움을 통해 삶에 진정성이 더해지고, 사랑은 더 깊어집니다. 이별의 아픔은 도망쳐야 할 무서운 대상이 아니라, 사랑으로 새겨진 삶이라는 길이 됩니다.

공덕 회향

이 책을 만난 모든 이가 괴로움으로부터 자유롭기를
이 책에 쓰인 말이 필요한 이에게 닿기를
이 책을 읽은 이가 열린 마음으로 살아가기를
마음챙김과 자비를 통해 모두가 친절한 세상을 함께
만들어가기를

미주

1 Sakyong Mipham Rinpoche, *Ruling Your World: Ancient Strategies for Modern Life* (New York Harmony: 2006), 139.

2 Thich Nhat Hanh, *Fidelity: How to Create a Loving Relationship that Lasts* (Berkeley, CA: Parallax Press, 2011), 81.

3 Pema Chödrön, *The Places That Scare You* (Boston: Shambhala Publications, 2001), 47.

4 If you would like to be guided in this practice by Lodro you can visit his YouTube channel and watch a video of this instruction.
*Lodro의 가이드와 함께 이 명상 실습을 하고 싶다면 그의 유튜브 채널에 접속해서 이 실습 영상을 시청하실 수 있습니다: www.youtube.com/lodrorinzler.

5 Confession: this is a true story. Brussels sprouts are delicious. I can't believe I went without them for so many years. *고백합니다. 진짜 제 이야기에요. 방울양배추는 너무 맛있어요. 그 오랜 시간 방울양배추를 안 먹고 인생을 허비했다니!

6 His Holiness the Karmapa, Ogyen Trinley Dorje, *The Heart Is Noble: Changing the World from the Inside Out* (Boston: Shambhala Publications, 2013), 27.

7 David Chadwick, ed., *Zen Is Right Here: Teaching Stories and Anecdotes of Shunryu Suzuki* (Boston: Shambhala Publications, 2007), 37.

8 Pema Chödrön, *Living Beautifully* (Boston: Shambhala Publications, 2012), 3.

9   Seung Sahn, *Only Don't Know* (Boston: Shambhala Publications, 1982), 83.
10 Thich Nhat Hanh, 55.
11 The nonprofit leadership training I founded, the Institute for Compassionate Leadership, was established as a direct result of my desire to create more compassionate leaders like Alex. The meditation studio I co-founded, MNDFL, only came to being because Ellie Burrows, a volunteer at the institute, talked me into starting it with her. *제가 '컴패셔네이트 리더십 연구소(Institute for Compassionate Leadership)'를 설립한 직접적인 이유가 바로 알렉스와 같은 자비로운 리더를 더 많이 양성하고 싶은 열망 때문이었습니다. 제가 공동 창립한 명상 스튜디오 'MNDFL'은 컴패셔네이트 리더십 연구소에서 자원봉사하던 엘리 버로우즈(Ellie Burrows)의 제안으로 시작되었습니다.
12 Is this the first Buddhist book that talks about swinging while on ecstasy? It might be. *엑스터시에 취한 채로 난잡하게 노는 남녀를 묘사한 불교 서적은 이 책이 처음일지도 모르겠군요.
13 David Chadwick, ed., 11.
14 His Holiness the Karmapa, 32.
15 Seung Sahn, 20.
16 Traditional tale adapted from Sarah Conover, *Kindness: A Treasury of Buddhist Wisdom for Children and Parents* (Boston: Skinner House, 2001), 47-48.
17 David Chadwick, ed., 28.
18 I have now, five books later, concluded the joke I started with my first book's title, *The Buddha Walks into a Bar*. I don't know about

you, but I feel relieved to have that done with. *저의 첫 책 제목인 'The Buddha Walks into a Bar'로 시작한 농담을 다섯 권의 책이 더 나온 뒤에서야 마무리하네요. 시시했을지도 모르지만 끝난 것에 의미를 둡시다.

19　Pema Chödrön, *Practicing Peace* (Boston: Shambhala Publications, 2007), 57-58.

20　Sakyong Mipham Rinpoche, 143.

21　It's been said that you can see all of your karma, including the totality of how your actions have had ramifications, if you become a fully enlightened Buddha. If you do that please let me know how it goes because I am very curious. *완전하게 깨달은 부처가 되면 자신의 모든 카르마를 볼 수 있다고 해요. 그 말인즉, 자신의 행동의 모든 영향과 결과를 알 수 있게 된다는 뜻이죠. 혹시 완전히 깨달아서 자신의 카르마가 다 보이신다면 저에게도 알려주세요. 매우 궁금하네요.

이별 극복에 도움이 되는 영화와 책

영화

*가만히 앉아서 속에서 일어나는 모든 감정을 느끼는 것이 너무 힘든 순간들이 있습니다. 어떤 때는 주의를 돌릴 만한 무언가가 필요하기도 하죠. 이럴 때 보기 좋은 영화들 목록을 만들어보았어요. 위스키 한 병을 다 마신다거나 틴더(데이트앱)를 하는 것보다는 나을 거예요. 제가 가장 좋아하는 영화는 「500일의 썸머(500 Days of Summer)」예요.

500 Days of Summer. Directed by Marc Webb. Fox Searchlight, 2009.
Brokeback Mountain. Directed by Ang Lea. Focus Features, 2005.
Casablanca. Directed by Michael Curtiz. Warner Brothers, 1942.
Crazy Stupid Love. Directed by Glenn Ficarra and John Requa. Carousel Productions II, 2011.
Eternal Sunshine of the Spotless Mind. Directed by Michel Gondry. Focus Features, 2004.
Forgetting Sarah Marshall. Directed by Nicholas Stoller. Universal Pictures, 2008.
Her. Directed by Spike Jonze. Annapurna Pictures, 2013. High Fidelity. Directed by Stephen Frears. Touchstone Pictures, 2000.
It's a Wonderful Life. Directed by Frank Capra. Liberty Films II, 1947.
King Kong. Directed by John Guillermin. Dino De Laurentiis Company, 1976.

Kramer vs. Kramer. Directed by Robert Benton. Columbia Pictures, 1979.

Up. Directed by Peter Docter and Bob Peterson. Walt Disney Pictures, 2009.

명상에 관한 책

Sit Like a Buddha, by Lodro Rinzler. Boston: Shambhala Publications, 2014.

Start Here Now: An Open-Hearted Guide to the Path and Practice of Meditation, by Susan Piver. Boston: Shambhala Publications, 2015.

Turning the Mind into an Ally, by Sakyong Mipham Rinpoche. New York: Riverhead, 2003.

불교에 관한 책

The Buddha Walks into a Bar: A Guide to Life for a New Generation, by Lodro Rinzler. Boston: Shambhala Publications, 2012.

The Heart Is Noble: Changing the World from the Inside Out, by His Holiness the Karmapa, Ogyen Trinley Dorje. Boston: Shambhala Publications, 2013.

The Heart of the Buddha: Entering the Tibetan Buddhist Path, by Chogyam Trungpa Rinpoche. Boston: Shambhala Publications, 1991.

Zen Mind, Beginner's Mind, by Shunryu Suzuki Roshi. New York: Weatherhill, 1970.

이별에 관한 책

*How to Love Yourself (and Sometimes Other People): Spiritual Advice for Modern

Relationships, by Lodro Rinzler and Meggan Watterson. Carlsbad, CA: Hay House, 2015.

This Is Where I Leave You, by Jonathan Tropper. New York: Dutton, 2009.

The Wisdom of a Broken Heart: Stop the Pain and Learn to Love Again, by Susan Piver. New York: Free Press, 2009.

역자 후기

불교란 깨달은 스승들의 가르침입니다. 가르침은 셀 수 없이 많은 표현과 각기 다른 전통과 방식으로 이어져 내려왔습니다. 달리 표현된 모든 가르침의 중심에는 언제나 괴로움의 소멸이 있습니다. 인생은 괴롭습니다. 그리고 불교는 괴로움을 다루는 지침서와 같습니다.

삶에는 피할 수 없는 여덟 가지 괴로움이 있습니다. 태어나는 괴로움, 늙어가는 괴로움, 병드는 괴로움, 죽는 괴로움, 사랑하는 대상과 헤어져야만 하는 괴로움, 싫어하는 것과 만나야만 하는 괴로움, 늘 갈망해도 완전히 만족할 수 없는 괴로움, 내가 진짜 무엇인지 몰라서 오는 괴로움.

얼핏 보면 이 책은 여덟 가지 괴로움 중 사랑하는 대상과 헤어져야 하는 괴로움만을 다루는 듯합니다. 하지만 사실은 여덟 가지 괴로움을 모두 다루고 있습니다. 그도 그럴 것이 이 여덟 가지 괴로움은 결국엔 하나의 괴로움이기 때문입니다.

삶에서 겪는 괴로움은 딱 하나입니다. 변화에서 오는 괴로움.

아기가 태어날 때 괴로운 이유는 자궁이란 세상과 헤어져야 하기 때문입니다. 태어남이란 인생의 첫 이별입니다. 늙음이 괴로운 것이 아닙니다. 젊음과 이별해야만 하는 것이 괴롭습니다. 병이 무서운 것이 아니라 건강과 헤어져야 하는 게 괴롭습니다. 죽는 게 두려운 것이 아닙니다. 언젠가 이 삶과 작별해야 한다는 사실이 두려운 것이죠. 생로병사란 변화이고, 변화는 필연적으로 괴롭습니다. 평생을 함께한 천생연분과도 죽음 앞에선 헤어져야 합니다. 무수한 변화 속에서 싫어하는 대상은 마주칠 수밖에 없습니다. 내 욕망도 끊임없이 변합니다. 그래서 채워도 채워도 절대로 채워지지 않습니다.

괴로움의 중심엔 언제나 고정된 '내'가 있습니다. 세상도 인연도 순간순간 변하는데 '나'만 고정되어 있습니다. 붙잡을 수 있는 것이 하나도 없는데 '나'를 꽉 움켜쥐고 있으니 변하는 세상만큼이나 '나'는 괴로울 수밖에 없습니다. 그래서 불교에서 말하는 괴로움을 소멸하는 원리는 간단합니다. '나'를 따르는 대신 변화라는 '진실'을 따를 것.

순간순간 나와 이별할 수 있을 때, 순간순간 나라는 거대한 변화의 소용돌이를 볼 때, 삶은 괴로움이 아니라 사랑과 호기심으로 변합니다.

깨달은 스승들의 가르침을 누구나 알기 쉬운 언어로 펴낸 저자 로드로 린즐러(Lodro Rinzler)에게 감사합니다. 이런 뜻 깊은 과업을 진행할 수 있게 해준 대한불교진흥원과 운주사의 여러 관계자분에게 감사의 뜻을 표합니다. 나밖에 모르던 저에게 사랑을 알게 해준 아내와 딸아이에게도 감사의 마음을 전합니다.

지은이 로드로 린즐러(Lodro Rinzler)

명상 지도자이자 작가이다. 일곱 권의 저서를 출간했으며, 그중 《The Buddha Walks Into A Bar》는 뉴욕타임즈 베스트셀러에 선정되었다. 여섯 살 때부터 티베트 불교 수행을 시작하였으며, 20년간 명상을 가르쳐왔다. 현재는 온라인 명상 커뮤니티 'Basic Goodness Collective'를 설립하여 다양한 명상 프로그램을 운영 중이다.

옮긴이 우정석

마음챙김, 불교 관련 서적 및 온라인 콘텐츠 번역가로 활동하고 있다. 캘리포니아 주립대학교(UC Berkeley)에서 영문학을 전공하고, 불교학을 부전공했다. 동국대학교 대학원에서 선학禪學을 전공, 논문 《The Truth of Nonduality and Nonaction(불이법과 무위)》로 석사학위를 받았다. 자성청정심, 선수행을 현대화하겠다는 일념으로 마음챙김 콘텐츠 제작자로 활동하고 있다.

사랑은 아프다

초판 1쇄 인쇄 2025년 8월 22일 | 초판 1쇄 발행 2025년 8월 29일
지은이 로드로 린즐러 | 옮긴이 우정석 | 펴낸이 김시열
펴낸곳 도서출판 운주사

　　　(02832) 서울시 성북구 동소문로 67-1 성심빌딩 3층
　　　전화 (02) 926-8361 | 팩스 0505-115-8361
ISBN 978-89-5746-894-4 03220　값 14,800원
http://cafe.daum.net/unjubooks 〈다음카페: 도서출판 운주사〉